Dolci Creazioni
Il Mondo Segreto delle Torte e dei Dessert

Giulio Persi

Contenuto

Torta con mousse alle fragole 11

Diario di Natale 13

pane 15

Torta pasquale Simnel 17

Torta della dodicesima notte 19

Torta di mele al microonde 20

Torta di mele al microonde 21

Torta di mele e noci pecan al microonde 22

Torta di carote al microonde 23

Torta Di Noci, Carote, Ananas, Microonde 24

Biscotti speziati al microonde 26

Cheesecake alla banana e frutto della passione al microonde 27

Cheesecake all'arancia nel microonde 28

Cheesecake con ananas al microonde 30

Pane alle noci e ciliegie al microonde 31

Torta al cioccolato nel microonde 32

Torta al cioccolato e mandorle al microonde 33

Brownies al doppio cioccolato al microonde 35

Barrette di cioccolato al microonde 36

Quadratini di cioccolato al microonde 37

Torta veloce con caffè al microonde 38

Torta di Natale al microonde 39

Torta al microonde 41

Barre dati a microonde	42
Pane ai fichi al microonde	43
Flapjack al microonde	44
Torta alla frutta al microonde	45
Metti le fette di cocco nel microonde	46
Torta al cioccolato nel microonde	47
Biscotti di pan di zenzero al microonde	48
Barrette allo zenzero per microonde	49
Torta dorata al microonde	50
Torta con nocciole e miele al microonde	51
Barrette di muesli gommose che possono essere utilizzate nel microonde	52
Torta alle noci pecan al microonde	53
Torta al succo d'arancia nel microonde	54
Pavlova al microonde	55
Cupcake al microonde	56
Torta di fragole al microonde	57
Torta al microonde	58
Barrette Sultan utilizzabili nel microonde	59
Biscotti con gocce di cioccolato nel microonde	60
Biscotti al cocco nel forno a microonde	61
Florentini al microonde	62
Biscotti alle nocciole e ciliegie al microonde	63
Biscotti al microonde Sultana	64
Pane alla banana al microonde	65
Pane con formaggio nel forno a microonde	66
Pane alle noci pecan al microonde	67

Torta agli amaretti senza cottura 68

Barrette di riso croccanti americane 69

Quadrati di albicocca 70

Torta svizzera alle albicocche 71

Cupcake rotti 72

Torta al latticello senza cottura 73

fette di castagna 74

Torta di castagne 75

Barrette di cioccolato e mandorle 77

torta croccante al cioccolato 78

Quadratini di briciole di cioccolato.. 79

Torta al cioccolato per il congelatore 80

Torta al cioccolato e frutta 81

Quadrato di cioccolato allo zenzero 82

Quadrati deluxe al cioccolato e zenzero 83

Biscotti al cioccolato e miele 84

Torta al cioccolato a strati 85

buone barrette di cioccolato 86

Quadrati pralinati al cioccolato 87

Scaglie di cocco 88

barrette croccanti 89

Biscotti all'uvetta e cocco 90

Posti di caffè con latte 91

non cuocere la torta alla frutta 92

luoghi fecondi 93

Frutta tritata e fibre... 94

Torta a strati di torrone 95

Latte e noce moscata 96

muesli croccante 98

Quadrati di mousse all'arancia 99

Quadrati alla nocciola 100

Dolci alla menta 101

Crackers di riso 102

Toffet di riso e cioccolato 103

Pasta di mandorle 104

Pasta di mandorle senza zucchero 105

gelato reale 106

Glassa senza zucchero 107

gelato fondente 108

Glassa al burro 109

Glassa Di Burro Al Cioccolato 110

Glassa al burro al cioccolato bianco 111

Glassa al burro al caffè 112

Glassa di burro al limone 113

Glassa di burro all'arancia 114

torta con arance e marsala 115

Torta di pesche e pere 117

torta umida all'ananas 118

Torta ai fiori di ciliegio e ananas 119

Torta di Natale con ananas 120

ananas sottosopra 121

Torta con ananas e noci 122

Torta di lamponi 123

Tortino al Rabarbaro 124

Rabarbaro e pan di zenzero	125
Torta alla barbabietola	126
Torta di carote e banane	127
Torta con carote e mele	128
Torta di carote e cannella	129
Torta con carote e zucca	130
Torta di carote e zenzero	131
Torta con carote e noci	132
Torta con carote, arance e noci	133
Torta di carote, ananas e cocco	134
Torta di carote e pistacchio	135
Torta con carote e noci	136
Torta di carote speziata	137
Torta con carote e zucchero di canna	139
Torta di zucca e midollo	141
Torta di zucca e arancia	142
Torta Di Zucca Piccante	143
Torta alla zucca	145
Torta di zucca con frutta	146
Rotolo di spezie alla zucca	147
Rabarbaro e pan di zenzero	149
Tortino di patate dolci	150
Torta di mandorle italiana	152
Torta con mandorle e caffè	153
Torta con mandorle e miele	154
Torta al limone e mandorle	155
Torta di mandorle con arance	156

ricca torta di mandorle	157
Torta svedese con macarons	158
Pane al cocco	159
Torta al cocco	160
torta dorata al cocco	161
Torta al cocco	162
Torta al cocco e limone	163
Torta al cocco di Capodanno	164
Torta al cocco e uva sultanina	165
torta croccante alle noci	166
Torta mista di noci	167
Torta greca alle noci	168
Torta gelato alle noci	170
Torta alle noci con crema al cioccolato	171
Torta alle noci con miele e cannella	172
Barrette di mandorle e miele	174
Barrette crumble con mele e ribes nero	176
Albicocche e avena	177
Albicocche croccanti	178
Barrette di banana con noci	179
Brownies americani	180
Brownies con cioccolato fondente	181
Brownies al cioccolato e noci	182
Bastoncini di burro	183
Vassoio con fiori di ciliegio e caramello	184
Spuntino al cioccolato	185
Strato di crumble alla cannella	186

bastoncini di cannella appiccicosi	187
Barrette al cocco	188
Panini alla marmellata di cocco	189
Datteri e carta pergamena con mele	190
Dischi dati	191
Barre per appuntamenti della nonna	192
Curtal nelle barrette d'avena	193
Barrette di datteri e noci	194
Fico	195
frittelle	196
Flapjack ai fiori di ciliegio	197
Flapjack al cioccolato	198
Frittelle di frutta	199
Frittelle con frutta e noci	200
Frittelle di pan di zenzero	201
Flapjack alle noci	202
Scorciatoie taglienti con il limone	203
Quadrati di moka al cocco	204
Ciao Dolly Cookies	206
Barrette al cocco con noci e cioccolato	207
quadretti di noce	208
Fette di arancia alle noci	209
Biscotti	210
Barrette al burro di arachidi	211
Fette da picnic	212
Barrette di cocco e ananas	213
Lievito di prugne da forno	214

Barrette di zucca americane 216

Torta con mousse alle fragole

Prepara una torta da 23 cm / 9 pollici

Per la torta:
100 g / 4 oz / 1 tazza di farina autolievitante

100 g / 4 oz / ½ tazza di burro o margarina, ammorbidito

100 g / 4 oz / ½ tazza di zucchero semolato (super fine)

2 uova

Per la mousse:
15 ml / 1 cucchiaio di gelatina in polvere

30 ml/2 cucchiai di acqua

450 g/1 chilogrammo di fragole

3 uova, separate

75 g / 3 once / 1/3 tazza di zucchero a velo (superfino).

5 ml/1 cucchiaino di succo di limone

300 ml / ½ pt / 1¼ tazza di panna doppia (pesante)

30 ml / 2 cucchiai di scaglie di mandorle (fette), leggermente fritte

Gli ingredienti per la torta fino ad omogeneizzazione. Versare in una tortiera da 23 cm/9" unta e foderata (la tortiera) e cuocere in forno preriscaldato a 190°C/375°F/gas mark 5 per 25 minuti fino a quando sarà dorata e compatta al tatto. Togliere dalla padella e lasciare cuocere. Freddo.

Per preparare la mousse, in una ciotola cospargere la gelatina con l'acqua e mescolare fino a renderla soffice. Metti il piatto in una pentola con acqua tiepida e lascialo finché non si scioglie. Si raffredda leggermente. Nel frattempo, schiacciare 350 g di fragole, quindi passare al setaccio per eliminare i semi. Sbattere i tuorli e lo zucchero fino a quando diventano chiari e densi e il composto cade a strisce dalla frusta. Aggiungere la purea, il succo di limone e la gelatina. Montare la panna a neve ferma, quindi versarne metà nel composto. Utilizzando una planetaria pulita e una ciotola, sbattere gli albumi a neve ferma, quindi incorporarli al composto.

Tagliate la torta a metà in senso orizzontale e posizionatene una metà sul fondo di una tortiera pulita ricoperta con pellicola alimentare (pellicola di plastica). Tagliate le fragole rimaste e disponetele sulla torta, poi ricoprite con la crema aromatizzata ed infine il secondo strato di torta. Premere molto leggermente. Da freddo a fermo.

Per servire, capovolgere la torta su un piatto da portata e rimuovere la pellicola trasparente. Guarnire con il resto della crema e decorare con le mandorle.

Diario di Natale

Creare un

3 uova

100 g / 4 oz / ½ tazza di zucchero semolato (super fine)

100 g / 4 once / 1 tazza di farina semplice (per tutti gli usi)

50 g / 2 oz / ½ tazza di cioccolato fondente (semidolce), grattugiato

15 ml/1 cucchiaio di acqua tiepida

Zucchero a velo (superfino) per arrotolare

Per la glassa (glassa):
175 g / 6 once / ¾ tazza di burro o margarina, ammorbidito

350 g / 12 oz / 2 tazze di zucchero semolato, setacciato

30 ml/2 cucchiai di acqua tiepida

30 ml / 2 cucchiai di cacao in polvere (cioccolato non zuccherato) Per la decorazione:

Foglie di agrifoglio e pettirosso (facoltativo)

Sbattere le uova e lo zucchero in una ciotola resistente al calore posta sopra una pentola di acqua bollente. Continuare a sbattere fino a quando il composto diventa duro e cade a strisce dalla frusta. Togliere dal fuoco e mescolare finché non si raffredda. Aggiungere metà della farina, poi il cioccolato, poi il resto della farina, poi l'acqua. Versare in uno stampo per muffin svizzero unto e foderato (stagno per muffin con gelatina) e cuocere in forno preriscaldato a 220°C/425°F/gas mark 7 per ca. 10 minuti finché non risulta solido al tatto. Spolverare un grande foglio di carta oleata (cerata) con zucchero a velo. Togliere la forma della torta dalla carta e tagliare fino ai bordi. Coprire con un altro foglio di carta e arrotolare senza stringere dal lato corto.

Per preparare la glassa, mescolare insieme il burro o la margarina e lo zucchero a velo, quindi aggiungere l'acqua e il cacao. Srotolate la torta ormai raffreddata, togliete la carta e spalmate metà della glassa sulla torta. Arrotolatelo nuovamente, poi glassatelo con il resto della glassa e incidetelo con una forchetta in modo che assomigli ad un tronco. Spolverate sopra un po' di zucchero a velo e decorate a piacere.

pane

Prepara una torta da 20 cm / 8 pollici

75 g / 3 once / 1/3 tazza di zucchero di canna

3 uova

75 g / 3 once / ¾ tazza di farina autolievitante

15 ml / 1 cucchiaio di cacao in polvere (cioccolato non zuccherato)

15 ml/1 cucchiaio di acqua tiepida

Per il ripieno:
50 g / 2 once / ¼ tazza di burro o margarina, ammorbidito

75 g / 3 once / ½ tazza di zucchero semolato, setacciato

Per il condimento:
100 g / 4 oz / 1 tazza di cioccolato fondente (semidolce).

25 g / 1 oz / 2 cucchiai di burro o margarina

Nastro o fiori di zucchero (facoltativi)

Versare lo zucchero e le uova insieme in una ciotola resistente al calore sopra una pentola di acqua bollente. Continuare a sbattere fino a quando il composto risulterà denso e cremoso. Lasciare riposare per qualche minuto, quindi togliere dal fuoco e sbattere ancora finché il composto non lascia una scia quando si toglie la frusta. Mescolare la farina e il cacao, quindi aggiungere l'acqua. Versare il composto in una teglia (teglia) da 20 cm unta e foderata e in una tortiera da 15 cm unta e foderata / 6. Cuocere in forno preriscaldato a 200 ° C / 400 ° F / gas mark 6 per 15-20 minuti fino a quando sarà ben lievitato e sodo al tatto. Lasciare raffreddare su una griglia.

Per preparare il ripieno, sbattere la margarina e lo zucchero a velo. Usalo per posizionare la torta più piccola sopra quella più grande.

Per preparare la copertura, sciogliere il cioccolato e il burro o la margarina in una ciotola resistente al calore sopra una pentola di acqua bollente. Versate la glassa sulla torta e stendetela con un coltello bagnato in acqua calda in modo che ne sia completamente ricoperta. Decorare il bordo con un nastrino o dei fiori di zucchero.

Torta pasquale Simnel

Prepara una torta da 20 cm / 8 pollici

225 g / 8 oz / 1 tazza di burro o margarina, ammorbidito

225 g / 8 once / 1 tazza di zucchero di canna morbido

buccia grattugiata di 1 limone

4 uova sbattute

225 g / 8 once / 2 tazze di farina semplice (per tutti gli usi)

5 ml/1 cucchiaino di lievito in polvere

2,5 ml/½ cucchiaino di noce moscata grattugiata

50 g / 2 once / ½ tazza di mais (amido di mais)

100 g / 4 oz / 2/3 tazza di uva sultanina (uvetta dorata)

100 g / 4 once / 2/3 tazza di uvetta

75 g / 3 once / ½ tazza di ribes

100 g / 4 oz / ½ tazza di ciliegie glassate (candite), tritate

25 g / 1 oz / ¼ tazza di mandorle tritate

450 g/1 chilogrammo di polpa di mandorle

30 ml / 2 cucchiai di marmellata di albicocche (riserva)

1 albume sbattuto

Mescolare il burro o la margarina, lo zucchero e la scorza di limone fino ad ottenere un composto chiaro e soffice. Sbattere lentamente le uova, poi aggiungere la farina, il lievito, la noce moscata e la panna. Aggiungere frutta e mandorle. Versare metà del composto in una tortiera da 8 pollici unta e foderata. Stendere metà del composto di mandorle in un cerchio grande quanto una torta e posizionarlo sopra il composto. Riempire con il composto rimanente e cuocere in forno preriscaldato a 160°C/325°F/gas mark 3 per 2-2½ ore fino a doratura. Lasciare raffreddare nella forma. Quando è freddo, avvolgerlo e avvolgerlo in carta oleata. Conservare in un contenitore ermetico per un massimo di tre settimane se lasciato maturare.

Per completare la torta, spalmare la superficie con la marmellata. Stendere tre quarti della pasta di mandorle rimasta in un cerchio di 20 cm, rifilare i bordi e posizionarli sopra la torta. Con il rimanente marzapane formate 11 palline (per rappresentare i discepoli senza Giuda). Spennellare la superficie della torta con l'albume sbattuto e formare delle palline attorno al bordo della torta, quindi spennellare con l'albume. Mettili sotto la griglia calda (griglia) per circa un minuto finché non saranno leggermente dorati.

Torta della dodicesima notte

Prepara una torta da 20 cm / 8 pollici

225 g / 8 oz / 1 tazza di burro o margarina, ammorbidito

225 g / 8 once / 1 tazza di zucchero di canna morbido

4 uova sbattute

225 g / 8 once / 2 tazze di farina semplice (per tutti gli usi)

5 ml / 1 cucchiaino di mix di spezie macinate (torta di mele)

175 g / 6 oz / 1 tazza di uva sultanina (uvetta dorata)

100 g / 4 once / 2/3 tazza di uvetta

75 g / 3 once / ½ tazza di ribes

50 g / 2 oz / ¼ tazza di ciliegie glassate (candite)

50 g / 2 oz / 1/3 tazza di buccia mista (candita) tritata

30 ml/2 cucchiai di latte

12 candele per decorare

Mescolare il burro o la margarina e lo zucchero fino ad ottenere un composto chiaro e soffice. Sbattere gradualmente le uova, aggiungere la farina, il mix di spezie, la frutta e la buccia e mescolare fino a ottenere un composto ben omogeneo, aggiungendo se necessario un po' di latte per ottenere un composto omogeneo. Disporre in una teglia (teglia) da 20 cm unta di burro e cuocere in forno preriscaldato a 180°C / 350°F / gas livello 4 per 2 ore finché uno stecchino inserito al centro non esce pulito.
autorizzazione

Torta di mele al microonde

Crea un quadrato di 23 cm

100 g / 4 oz / ½ tazza di burro o margarina, ammorbidito

100 g / 4 oz / ½ tazza di zucchero di canna morbido

30 ml / 2 cucchiai di sciroppo d'oro (mais chiaro)

2 uova, leggermente sbattute

225 g / 8 oz / 2 tazze di farina autolievitante (lievito)

10 ml / 2 cucchiai di spezie miste macinate (torta di mele)

120 ml / 4 fl oz / ½ tazza di latte

2 mele bollite (pera), sbucciate, sbucciate e tagliate a fettine sottili

15 ml/1 cucchiaio di zucchero a velo (superfino).

5 ml/1 cucchiaino di cannella in polvere

Mescolare il burro o la margarina, lo zucchero di canna e lo sciroppo fino a ottenere un composto chiaro e soffice. Aggiungere gradualmente le uova. Aggiungere il composto di farina e spezie, quindi aggiungere il latte fino ad ottenere un composto omogeneo. Aggiungi le mele. Con un cucchiaio, disporli in un forno a microonde dal fondo di 23 cm unto e illuminato (pirofila) e cuocerli nel microonde a fuoco medio per 12 minuti finché non saranno sodi. Lasciate riposare per 5 minuti, giratela e spolverizzate con zucchero a velo e cannella.

Torta di mele al microonde

Prepara una torta da 20 cm / 8 pollici

100 g / 4 oz / ½ tazza di burro o margarina, ammorbidito

175 g / 6 once / ¾ tazza di zucchero di canna morbido

1 uovo, leggermente sbattuto

175 g / 6 oz / 1 tazza e ½ di farina semplice (per tutti gli usi)

2,5 ml/½ cucchiaino di lievito in polvere

un po' di sale

2,5 ml / ½ cucchiaino di pimento macinato

1,5 ml / ¼ cucchiaino di noce moscata grattugiata

1,5 ml / ¼ cucchiaino di chiodi di garofano macinati

300 ml / ½ pt / 1¼ tazza di salsa di mele non zuccherata (salsa).

75 g / 3 once / ½ tazza di uvetta

Zucchero a velo (dolciumi) in polvere

Mescolare il burro o la margarina e lo zucchero di canna fino a ottenere un composto chiaro e soffice. Sbattere gradualmente l'uovo, poi la farina, il lievito, il sale e le spezie, alternando con mele e uvetta. Versare in uno stampo quadrato da 20 cm infarinato e unto e mettere nel microonde per 12 minuti. Lasciare raffreddare su un piatto, quindi tagliare a quadrotti e spolverizzare con zucchero a velo.

Torta di mele e noci pecan al microonde

Prepara una torta da 20 cm / 8 pollici

175 g / 6 once / ¾ tazza di burro o margarina, ammorbidito

100 g / 4 oz / ½ tazza di zucchero semolato (super fine)

3 uova, leggermente sbattute

30 ml / 2 cucchiai di sciroppo d'oro (mais chiaro)

buccia grattugiata e succo di 1 limone

175 g / 6 once / 1 tazza e ½ di farina autolievitante

50 g / 2 oz / ½ tazza di noci, tritate

1 mela da mangiare (dessert), sbucciata, tagliata e tritata

100 g / 4 oz / 2/3 tazza di zucchero semolato (pasticciere).

30 ml/2 cucchiai di succo di limone

15 ml/1 cucchiaio di acqua

Metà di noce per decorare

Sbattere il burro o la margarina e lo zucchero a velo fino a ottenere un composto chiaro e soffice. Aggiungere gradualmente le uova, poi lo sciroppo, la scorza di limone e il succo. Aggiungere la farina, le noci tritate e la mela. Versare in una pirofila rotonda da 20 cm/8 pollici e cuocere nel microonde per 4 minuti. Togliere dal forno e coprire con un foglio di alluminio. Lasciarlo raffreddare. Mescolare lo zucchero a velo con il succo di limone e abbastanza acqua per ottenere una glassa liscia. Distribuire sulla torta e decorare con metà di noce.

Torta di carote al microonde

Prepara una torta da 18 cm / 7 pollici

100 g / 4 oz / ½ tazza di burro o margarina, ammorbidito

100 g / 4 oz / ½ tazza di zucchero di canna morbido

2 uova sbattute

Buccia grattugiata e succo di 1 arancia

2,5 ml / ½ cucchiaino di cannella in polvere

Un pizzico di noce moscata grattugiata

100 g di carote grattugiate

100 g / 4 oz / 1 tazza di farina autolievitante

25 g / 1 oz / ¼ tazza di mandorle tritate

25 g / 1 oncia / 2 cucchiai. zucchero (superfino)

Per il condimento:

100 g / 4 once / ½ tazza di formaggio cremoso

50 g / 2 once / 1/3 tazza di zucchero semolato, setacciato

30 ml/2 cucchiai di succo di limone

Sbattere il burro e lo zucchero fino a ottenere un composto chiaro e soffice. Sbattere lentamente le uova, quindi aggiungere il succo e la scorza d'arancia, le spezie e le carote. Aggiungere la farina, le mandorle e lo zucchero. Versare in una tortiera da 18 cm/7" unta e foderata e coprire con pellicola trasparente. Cuocere nel microonde a potenza elevata per 8 minuti fino a quando uno stecchino inserito al centro risulta pulito. Rimuovere la colla e lasciare riposare per 8 minuti prima di accendere una griglia.Pronta da raffreddare su una griglia.Mescolare insieme gli ingredienti per la copertura, quindi distribuirli sulla torta raffreddata.

Torta Di Noci, Carote, Ananas, Microonde

Prepara una torta da 20 cm / 8 pollici

225 g / 8 oz / 1 tazza di zucchero semolato (super fine)

2 uova

120 ml / 4 fl oz / ½ tazza di olio

1,5 ml/¼ cucchiaino di sale

5 ml / 1 cucchiaino di bicarbonato di sodio (bicarbonato di sodio)

100 g / 4 oz / 1 tazza di farina autolievitante

5 ml/1 cucchiaino di cannella in polvere

175 g / 6 once di carote, grattugiate

75 g / 3 once / ¾ tazza di noci, tritate

225 g / 8 oz di ananas tritato con succo

Per la glassa (glassa):

15 g / ½ oz / 1 cucchiaio di burro o margarina

50 g / 2 once / ¼ tazza di formaggio cremoso

10 ml/2 cucchiaini di succo di limone

Gelato (dolci) Zucchero setacciato

Foderare una grande forma ad anello (teglia a tubo) con carta da forno. Sbattere lo zucchero, le uova e l'olio. Mescolare con cura gli ingredienti secchi fino a quando non saranno ben amalgamati. Aggiungi il resto degli ingredienti della torta. Versare l'impasto nella padella preparata, posizionarlo su una griglia o su un piatto con bordi e cuocere nel microonde a potenza elevata per 13 minuti o fino a quando non si sarà solidificato. Lasciare riposare per 5 minuti, quindi trasferire su una gratella a raffreddare.

Nel frattempo preparate la glassa. Metti il burro o la margarina, la crema di formaggio e il succo di limone in una ciotola e mettila nel microonde per 30-40 secondi. Aggiungere gradualmente abbastanza zucchero a velo per ottenere una consistenza densa e sbattere fino a ottenere un composto soffice. Quando la torta sarà fredda spalmateci sopra la glassa.

Biscotti speziati al microonde

Ce ne sono 15

75 g / 3 once / ¾ tazza Tutti i cereali con crusca

250 ml / 8 fl oz / 1 tazza di latte

175 g / 6 oz / 1 tazza e ½ di farina semplice (per tutti gli usi)

75 g / 3 once / 1/3 tazza di zucchero a velo (superfino).

10 ml / 2 cucchiaini di lievito in polvere

10 ml / 2 cucchiai di spezie miste macinate (torta di mele)

un po' di sale

60 ml / 4 cucchiai di sciroppo d'oro (mais chiaro)

45 ml/3 cucchiai di olio

1 uovo, leggermente sbattuto

75 g / 3 once / ½ tazza di uvetta

15 ml/1 cucchiaio di buccia d'arancia grattugiata

Mettere a bagno i cereali nel latte per 10 minuti. Setacciare insieme la farina, lo zucchero, il lievito, il mix di spezie e il sale, quindi incorporarli ai cereali. Aggiungete lo sciroppo, l'olio, l'uovo, l'uvetta e la scorza d'arancia. Versare nei pirottini di carta (carta per cupcake) e cuocere nel microonde cinque biscotti alla volta alla massima potenza per 4 minuti. Ripetere l'operazione per i biscotti rimanenti.

Cheesecake alla banana e frutto della passione al microonde

Prepara una torta da 23 cm / 9 pollici

100 g / 4 oz / ½ tazza di burro o margarina, sciolto

175 g / 6 oz / 1 tazza e ½ di briciole di biscotti di pan di zenzero (biscotto)

250 g / 9 once / 1 tazza generosa di crema di formaggio

175 ml / 6 fl oz / ¾ tazza di panna (latticini)

2 uova, leggermente sbattute

100 g / 4 oz / ½ tazza di zucchero semolato (super fine)

buccia grattugiata e succo di 1 limone

150 ml / ¼ pz / 2/3 tazza di panna

1 banana a fette

1 frutto della passione, tritato

Mescolare burro o margarina e pangrattato e premere sul fondo e sui lati di una crema pasticcera adatta al microonde di 9/23 cm. Lasciarlo raffreddare.

> **Sbattere il formaggio cremoso e la panna fino ad ottenere un composto omogeneo, quindi sbattere le uova, lo zucchero, il succo di limone e la buccia. Versare il fondo e distribuire uniformemente. Cuocere a fuoco medio per 8 minuti. Lasciarlo raffreddare.**

Montare la panna a neve ferma e poi spalmarla sull'involucro. Ricoprire con fettine di banana e versare sopra la polpa del frutto della passione.

Cheesecake all'arancia nel microonde

Prepara una torta da 20 cm / 8 pollici

50 g / 2 once / ¼ tazza di burro o margarina

12 cracker digestive (cracker Graham), tritati

100 g / 4 oz / ½ tazza di zucchero semolato (super fine)

225 g / 8 once / 1 tazza di formaggio cremoso

2 uova

30 ml/2 cucchiai di succo d'arancia concentrato

15 ml/1 cucchiaio di succo di limone

150 ml / ¼ pt / 2/3 tazza di panna (acida)

un po' di sale

1 arancia

30 ml / 2 cucchiai di marmellata di albicocche (riserva)

150 ml / ¼ pz / 2/3 tazza di panna doppia (pesante)

Sciogliere il burro o la margarina in un forno a microonde da 20 cm/8 pollici a temperatura elevata per 1 minuto. Aggiungere i biscotti sbriciolati e 25 g/1 oz/2 cucchiai di zucchero e premere sul fondo e sui lati della ciotola. Sbattere il formaggio con lo zucchero rimasto e le uova, quindi aggiungere il succo di arancia e limone, la panna e il sale. Mettere nel guscio (ciotola) e cuocere nel microonde per 2 minuti. Lasciare agire per 2 minuti, quindi cuocere nel microonde a potenza elevata per altri 2 minuti. Lasciare riposare per 1 minuto, quindi cuocere nel microonde a potenza elevata per 1 minuto. Lasciarlo raffreddare.

Sbucciare l'arancia e rimuovere gli spicchi di membrana con un coltello affilato. Sciogliere la marmellata e spalmarla sulla cheesecake. Versare la panna e spennellare attorno al bordo della cheesecake, quindi decorare con gli spicchi d'arancia.

Cheesecake con ananas al microonde

Prepara una torta da 23 cm / 9 pollici

100 g / 4 oz / ½ tazza di burro o margarina, sciolto

175 g / 6 oz / 1 tazza e ½ di briciole di cracker digestive (cracker Graham)

250 g / 9 once / 1 tazza generosa di crema di formaggio

2 uova, leggermente sbattute

5 ml/1 cucchiaino di scorza di limone grattugiata

30 ml/2 cucchiai di succo di limone

75 g / 3 once / 1/3 tazza di zucchero a velo (superfino).

400 g / 14 oz / 1 lattina grande di ananas, scolato e schiacciato

150 ml / ¼ pz / 2/3 tazza di panna doppia (pesante)

Mescolare burro o margarina e pangrattato e premere sul fondo e sui lati di una crema pasticcera adatta al microonde di 9/23 cm. Lasciarlo raffreddare.

Sbattere il formaggio cremoso, le uova, la scorza, il succo di limone e lo zucchero fino ad ottenere un composto omogeneo. Aggiungi l'ananas e aggiungi un cucchiaio sul fondo. Microonde a fuoco medio per 6 minuti finché non diventa sodo. Lasciarlo raffreddare.

Montare la panna a neve ben ferma e metterla sulla cheesecake.

Pane alle noci e ciliegie al microonde

Prepara una pagnotta da 900 g / 2 libbre

175 g / 6 once / ¾ tazza di burro o margarina, ammorbidito

175 g / 6 once / ¾ tazza di zucchero di canna morbido

3 uova sbattute

225 g / 8 once / 2 tazze di farina semplice (per tutti gli usi)

10 ml / 2 cucchiaini di lievito in polvere

un po' di sale

45 ml/3 cucchiai di latte

75 g / 3 oz / 1/3 tazza di ciliegie glassate (candite)

75 g / 3 once / ¾ tazza di noci miste tritate

25 g / 1 oz / 3 cucchiai di zucchero a velo, setacciato

Mescolare il burro o la margarina e lo zucchero di canna fino a ottenere un composto chiaro e soffice. Aggiungete poco alla volta le uova, poi aggiungete la farina, il lievito e il sale. Aggiungere abbastanza latte per ottenere una consistenza morbida, quindi aggiungere le ciliegie e le noci. Versare in uno stampo per microonde da 900 g unto e foderato e cospargere di zucchero. Microonde alla massima potenza per 7 minuti. Lasciare riposare per 5 minuti, quindi posizionare su una gratella per completare il raffreddamento.

Torta al cioccolato nel microonde

Prepara una torta da 18 cm / 7 pollici

225 g / 8 oz / 1 tazza di burro o margarina, ammorbidito

175 g / 6 oz / ¾ tazza di zucchero semolato (super fine)

150 g / 5 oz / 1¼ tazze di farina (lievito)

50 g / 2 oz / ¼ tazza di cacao in polvere (cioccolato non zuccherato)

5 ml/1 cucchiaino di lievito in polvere

3 uova sbattute

45 ml/3 cucchiai di latte

Mescolare tutti gli ingredienti e versarli in una pirofila da forno a microonde da 18 cm unta e foderata. Microonde a potenza elevata per 9 minuti fino a quando non diventano sodi al tatto. Lasciare raffreddare sulla teglia per 5 minuti, quindi trasferire su una gratella per completare il raffreddamento.

Torta al cioccolato e mandorle al microonde

Prepara una torta da 20 cm / 8 pollici

Per la torta:
100 g / 4 oz / ½ tazza di burro o margarina, ammorbidito

100 g / 4 oz / ½ tazza di zucchero semolato (super fine)

2 uova, leggermente sbattute

100 g / 4 oz / 1 tazza di farina autolievitante

50 g / 2 oz / ½ tazza di cacao in polvere (cioccolato non zuccherato)

50 g / 2 once / ½ tazza di mandorle tritate

150 ml / ¼ pt / 2/3 tazza di latte

60 ml / 4 cucchiai di sciroppo d'oro (mais chiaro)

Per la glassa (glassa):
100 g / 4 oz / 1 tazza di cioccolato fondente (semidolce).

25 g / 1 oz / 2 cucchiai di burro o margarina

8 mandorle intere

Per preparare la torta, lavorare insieme il burro o la margarina e lo zucchero finché non diventa chiara e soffice. Sbattere lentamente le uova, quindi aggiungere la farina e il cacao, seguiti dalle mandorle tritate. Aggiungere il latte e lo sciroppo e sbattere fino a ottenere un composto liscio e leggero. Usando un cucchiaio, posizionare il composto su un piatto adatto al microonde da 20 cm, coprire con pellicola trasparente (involucro di plastica) e cuocere nel microonde per 4 minuti. Sfornate, coprite la parte superiore con la pellicola e lasciatela raffreddare un po', quindi rimettetela a raffreddare su una griglia.

Per preparare la glassa, sciogliere il cioccolato e il burro o la margarina a fuoco vivace per 2 minuti. Colpisci bene. Immergere a metà le mandorle nel cioccolato e lasciarle riposare su un foglio di carta forno. Versare la glassa rimanente sulla torta e spalmarla sulla superficie e sui lati. Decorare con le mandorle e lasciare riposare.

Brownies al doppio cioccolato al microonde

Ce ne sono 8

150 g / 5 oz / 1 tazza e ¼ di cioccolato normale (semidolce), tritato finemente

75 g / 3 once / 1/3 tazza di burro o margarina

175 g / 6 once / ¾ tazza di zucchero di canna morbido

2 uova, leggermente sbattute

150 g / 5 once / 1 tazza e ¼ di farina semplice (per tutti gli usi)

2,5 ml/½ cucchiaino di lievito in polvere

2,5 ml / ½ cucchiaino di essenza di vaniglia (estratto)

30 ml/2 cucchiai di latte

Sciogliere 50 g / 2 oz / ½ tazza di cioccolato con burro o margarina a fuoco alto per 2 minuti. Sbattere lo zucchero e le uova, quindi aggiungere la farina, il lievito, l'essenza di vaniglia e il latte fino ad ottenere un composto omogeneo. Versare in una pirofila quadrata da 20 cm/8 pollici e cuocere nel microonde per 7 minuti. Lasciare raffreddare sulla placca per 10 minuti. Sciogliere il restante cioccolato a fuoco vivace per 1 minuto, spalmarlo sulla torta e lasciarlo raffreddare. Tagliare a quadrati.

Barrette di cioccolato al microonde

Ce ne sono 8

50 g / 2 once / 1/3 tazza di datteri, tritati

60 ml / 4 cucchiai di acqua bollente

65 g / 2½ oz / 1/3 tazza di burro o margarina, ammorbidito

225 g / 8 oz / 1 tazza di zucchero semolato (super fine)

1 uovo

100 g / 4 once / 1 tazza di farina semplice (per tutti gli usi)

10 ml / 2 cucchiaini di cacao in polvere (cioccolato non zuccherato)

2,5 ml / ½ cucchiaino di lievito in polvere

un po' di sale

25 g / 1 oz / ¼ tazza di noci miste tritate

100 g / 4 oz / 1 tazza di cioccolato fondente (semidolce), tritato finemente

Mescolare i datteri con l'acqua bollente e lasciarli raffreddare. Sbattere il burro o la margarina con metà dello zucchero fino a ottenere un composto chiaro e soffice. Sbattere gradualmente l'uovo, quindi aggiungere alternativamente farina, cacao, lievito e sale al composto di datteri. Versare in uno stampo per microonde da 20 cm / 8 quadrati unto e infarinato. Mescolare il resto dello zucchero con le noci e il cioccolato e cospargerli sopra, premendo leggermente. Microonde alla massima potenza per 8 minuti. Lasciare raffreddare su un piatto prima di tagliare a cubetti.

Quadratini di cioccolato al microonde

Ce ne sono 16

Per la torta:

50 g / 2 once / ¼ tazza di burro o margarina

5 ml/1 cucchiaino di zucchero a velo (superfino).

75 g / 3 once / ¾ tazza di farina semplice (per tutti gli usi)

1 tuorlo d'uovo

15 ml/1 cucchiaio di acqua

175 g / 6 oz / 1 tazza e ½ di cioccolato fondente (semidolce), grattugiato o tritato finemente

Per il condimento:

50 g / 2 once / ¼ tazza di burro o margarina

50 g / 2 oz / ¼ tazza di zucchero a velo (super fine)

1 uovo

2,5 ml / ½ cucchiaino di essenza di vaniglia (estratto)

100 g / 4 oz / 1 tazza di noci, tritate

Per preparare la torta, ammorbidire il burro o la margarina e mescolare lo zucchero, la farina, il tuorlo d'uovo e l'acqua. Distribuire uniformemente il composto in una pirofila quadrata da 20 cm/8 pollici e cuocere nel microonde per 2 minuti. Cospargere di cioccolato e mettere nel microonde per 1 minuto. Si distribuisce uniformemente sulla base e si lascia finché non si indurisce.

Per preparare la guarnizione, metti nel microonde il burro o la margarina per 30 secondi. Aggiungere gli altri ingredienti per la copertura e spalmare sul cioccolato. Microonde a potenza elevata per 5 minuti. Lasciarla raffreddare e poi tagliarla a quadrotti.

Torta veloce con caffè al microonde

Prepara una torta da 19 cm

Per la torta:

225 g / 8 oz / 1 tazza di burro o margarina, ammorbidito

225 g / 8 oz / 1 tazza di zucchero semolato (super fine)

225 g / 8 oz / 2 tazze di farina autolievitante (lievito)

5 uova

45 ml / 3 cucchiai di essenza di caffè (estratto)

Per la glassa (glassa):

30 ml / 2 cucchiai di essenza di caffè (estratto)

175 g / 6 once / ¾ tazza di burro o margarina

Gelato (dolci) Zucchero setacciato

Metà di noce per decorare

Mescolare tutti gli ingredienti per la torta finché non saranno ben amalgamati. Dividere in due tortiere da 7 pollici/19 cm e cuocere ciascuna a temperatura alta per 5-6 minuti. Togliere dal microonde e lasciarlo raffreddare.

Mescolare gli ingredienti per il gelato, dolcificare con zucchero a velo. Una volta raffreddati, spalmare metà della glassa sui cupcakes e spalmare sopra la restante. È decorato con metà di noce.

Torta di Natale al microonde

Prepara una torta da 23 cm / 9 pollici

150 g / 5 oz / 2/3 tazza di burro o margarina, ammorbidito

150 g / 5 once / 2/3 tazza di zucchero di canna morbido

3 uova

30 ml / 2 cucchiai di melassa scura (melassa)

225 g / 8 oz / 2 tazze di farina autolievitante (lievito)

10 ml / 2 cucchiai di spezie miste macinate (torta di mele)

2,5 ml/½ cucchiaino di noce moscata grattugiata

2,5 ml/½ cucchiaino di bicarbonato di sodio

450 g / 1 libbra / 22/3 tazze di noci miste (miscela per torta alla frutta)

50 g / 2 oz / ¼ tazza di ciliegie glassate (candite)

50 g / 2 oz / 1/3 tazza di buccia mista tritata

50 g / 2 oz / ½ tazza di noci miste tritate

30 ml / 2 cucchiai di cognac

Ulteriore brandy per far maturare la torta (facoltativo)

Mescolare il burro o la margarina e lo zucchero fino ad ottenere un composto chiaro e soffice. Sbattere lentamente le uova e la melassa, quindi aggiungere la farina, le spezie e il lievito. Unire delicatamente la frutta, le bucce miste e le noci e poi aggiungere il brandy. Versare il composto in una pirofila con fondo foderato adatta al microonde da 9/23 cm e cuocere nel microonde a temperatura bassa per 45-60 minuti. Lasciare raffreddare sulla teglia per 15 minuti prima di trasferirlo su una gratella a raffreddare.

Una volta raffreddata, avvolgere la torta in un foglio di alluminio e conservare in un luogo fresco e buio per 2 settimane. Se lo si desidera, forare la torta alcune volte con uno stecchino sottile e cospargere con un po' di brandy extra, quindi avvolgere e riporre nuovamente la torta. Puoi farlo più di una volta per ottenere una torta più piena.

Torta al microonde

Prepara una torta da 20 cm / 8 pollici

300 g / 10 oz / 1¼ tazze di zucchero a velo (super fine)

225 g / 8 once / 2 tazze di farina semplice (per tutti gli usi)

10 ml / 2 cucchiaini di lievito in polvere

5 ml/1 cucchiaino di cannella in polvere

100 g / 4 oz / ½ tazza di burro o margarina, ammorbidito

2 uova, leggermente sbattute

100 ml / 3½ fl oz / 6½ cucchiai di latte

Mescolare lo zucchero, la farina, il lievito e la cannella. Aggiungere il burro o la margarina, quindi riservare un quarto del composto. Sbattere insieme le uova e il latte e incorporarli alla maggior parte del composto della torta. Versare il composto in uno stampo per microonde da 20 cm unto e infarinato e cospargere con il composto sbriciolato messo da parte. Microonde a temperatura elevata per 10 minuti. Lasciare raffreddare su un piatto.

Barre dati a microonde

12 prima

150 g / 5 once / 1 tazza e ¼ di farina autolievitante

175 g / 6 oz / ¾ tazza di zucchero semolato (super fine)

100 g / 4 oz / 1 tazza di cocco essiccato (tritato)

100 g / 4 oz / 2/3 tazza di datteri alle erbe aromatiche, tritati

50 g / 2 oz / ½ tazza di noci miste tritate

100 g / 4 oz / ½ tazza di burro o margarina, sciolto

1 uovo, leggermente sbattuto

Glassa (dolciumi) per aspirapolvere

Mescolare gli ingredienti secchi. Aggiungere il burro o la margarina all'uovo e mescolare fino a formare un impasto sodo. Premere sul fondo di una pirofila quadrata da 20 cm/8 pollici e cuocere nel microonde a temperatura media per 8 minuti finché non diventa solido. Lasciare sulla teglia per 10 minuti, poi tagliare in barrette e disporre su una griglia per completare il raffreddamento.

Pane ai fichi al microonde

Per una pagnotta da 675 g

100 g / 4 once / 2 tazze di crusca

50 g / 2 once / ¼ tazza di zucchero di canna morbido

45 ml / 3 cucchiai di miele chiaro

100 g di fichi secchi, tritati

50 g / 2 oz / ½ tazza di nocciole tritate

300 ml / ½ pt / 1¼ tazza di latte

100 g / 4 oz / 1 tazza di farina integrale (grano Vanz)

10 ml / 2 cucchiaini di lievito in polvere

un po' di sale

Mescolare tutti gli ingredienti fino ad ottenere un impasto sodo. Formate una teglia adatta al microonde e livellate la superficie. Cuocere a fuoco vivace per 7 minuti. Lasciare raffreddare sulla teglia per 10 minuti, quindi trasferire su una gratella a raffreddare.

Flapjack al microonde

Ce ne sono 24

175 g / 6 once / ¾ tazza di burro o margarina, ammorbidito

50 g / 2 oz / ¼ tazza di zucchero a velo (super fine)

50 g / 2 once / ¼ tazza di zucchero di canna morbido

90 ml / 6 cucchiai di sciroppo d'oro (mais chiaro)

un po' di sale

275 g / 10 once / 2½ tazze di avena

Unisci il burro o la margarina e lo zucchero in una ciotola capiente e cuoci a fuoco vivace per 1 minuto. Aggiungi gli ingredienti rimanenti e mescola bene. Versare il composto in uno stampo da 18 cm unto e premere leggermente. Cuocere a fuoco vivace per 5 minuti. Lasciarlo raffreddare un po', quindi tagliarlo a quadratini.

Torta alla frutta al microonde

Prepara una torta da 18 cm / 7 pollici

175 g / 6 once / ¾ tazza di burro o margarina, ammorbidito

175 g / 6 oz / ¾ tazza di zucchero semolato (super fine)

buccia grattugiata di 1 limone

3 uova sbattute

225 g / 8 once / 2 tazze di farina semplice (per tutti gli usi)

5 ml / 1 cucchiaino di mix di spezie macinate (torta di mele)

225 g / 8 once / 11/3 tazze di uvetta

225 g / 8 once / 11/3 tazze di uva sultanina (uvetta dorata)

50 g / 2 oz / ¼ tazza di ciliegie glassate (candite)

50 g / 2 oz / ½ tazza di noci miste tritate

15 ml / 1 cucchiaio di sciroppo d'oro (mais chiaro)

45 ml/3 cucchiai di cognac

Mescolare il burro o la margarina e lo zucchero fino ad ottenere un composto chiaro e soffice. Incorporate la scorza di limone e poi sbattete lentamente le uova. Unire la farina e il mix di spezie, quindi unire gli altri ingredienti. Versare in un forno a microonde rotondo da 7/18 cm unto e coperto, a temperatura bassa per 35 minuti, fino a quando uno stecchino infilato al centro uscirà pulito. Lasciare raffreddare sulla teglia per 10 minuti, quindi trasferire su una gratella a raffreddare.

Metti le fette di cocco nel microonde

Ce ne sono 8

50 g / 2 once / ¼ tazza di burro o margarina

9 cracker digestive (cracker Graham), tritati

50 g / 2 once / ½ tazza di cocco essiccato (grattugiato)

100 g / 4 oz / 2/3 tazza di buccia mista (candita) tritata

50 g / 2 once / 1/3 tazza di datteri, tritati

15 ml / 1 cucchiaio di farina semplice (per tutti gli usi)

25 g / 1 oz / 2 cucchiai di ciliegie glassate (candite), tritate

100 g / 4 oz / 1 tazza di noci, tritate

150 ml / ¼ pt / 2/3 tazza di latte condensato

Sciogliere il burro o la margarina in un forno a microonde quadrato da 20 cm/8 pollici a temperatura massima per 40 secondi. Aggiungere le briciole di biscotti e distribuirle uniformemente sul fondo della teglia. Cospargere il cocco e poi la scorza mista. Mescolare i datteri con la farina, le ciliegie e le noci e cospargerli sopra, quindi bagnare con il latte. Microonde alla massima potenza per 8 minuti. Lasciarlo raffreddare sulla placca, quindi tagliarlo a quadrotti.

Torta al cioccolato nel microonde

Prepara una torta da 20 cm / 8 pollici

150 g / 5 once / 1 tazza e ¼ di farina semplice (per tutti gli usi)

5 ml/1 cucchiaino di lievito in polvere

Un pizzico di bicarbonato di sodio

un po' di sale

300 g / 10 oz / 1¼ tazze di zucchero a velo (super fine)

50 g / 2 once / ¼ tazza di burro o margarina, ammorbidito

250 ml / 8 fl oz / 1 tazza di latte

Qualche goccia di essenza di vaniglia (estratto)

1 uovo

100 g / 4 oz / 1 tazza di cioccolato fondente (semidolce), tritato

50 g / 2 oz / ½ tazza di noci miste tritate

Glassa Di Burro Al Cioccolato

Mescolare la farina, il lievito, il lievito e il sale. Aggiungere lo zucchero, quindi aggiungere il burro o la margarina, il latte e l'essenza di vaniglia fino ad ottenere un composto omogeneo. Sbattere l'uovo. Metti nel microonde tre quarti del cioccolato per 2 minuti finché non si scioglie, quindi aggiungilo al composto della torta fino a ottenere una crema. Aggiungere le noci. Versare il composto in due forni a microonde da 8/20 cm unti e infarinati e cuocere separatamente per 8 minuti. Sfornare, coprire con un foglio di alluminio e lasciare raffreddare per 10 minuti, quindi posizionare su una griglia a raffreddare. Spalmare con metà della glassa al burro (gel), quindi spalmare sopra il resto della glassa e decorare con il cioccolato messo da parte.

Biscotti di pan di zenzero al microonde

Prepara una torta da 20 cm / 8 pollici

50 g / 2 once / ¼ tazza di burro o margarina

75 g / 3 once / ¼ tazza di melassa (melassa)

15 ml/1 cucchiaio di zucchero a velo (superfino).

100 g / 4 once / 1 tazza di farina semplice (per tutti gli usi)

5 ml/1 cucchiaino di zenzero macinato

2,5 ml / ½ cucchiaino di miscela di spezie macinate (torta di mele)

2,5 ml/½ cucchiaino di bicarbonato di sodio

1 uovo sbattuto

Metti il burro o la margarina in una ciotola e mettila nel microonde per 30 secondi. Aggiungere la melassa e lo zucchero e cuocere nel microonde per 1 minuto. Aggiungere la farina, le spezie e il lievito. Sbattere l'uovo. Versare il composto in uno stampo unto da 1,5 litri/2½ litri/6 tazze e cuocere nel microonde per 4 minuti. Lasciare raffreddare sulla teglia per 5 minuti, quindi trasferire su una gratella per completare il raffreddamento.

Barrette allo zenzero per microonde

12 prima

Per la torta:

150 g / 5 oz / 2/3 tazza di burro o margarina, ammorbidito

50 g / 2 oz / ¼ tazza di zucchero a velo (super fine)

100 g / 4 once / 1 tazza di farina semplice (per tutti gli usi)

2,5 ml/½ cucchiaino di lievito in polvere

5 ml/1 cucchiaino di zenzero macinato

Per il condimento:

15 g / ½ oz / 1 cucchiaio di burro o margarina

15 ml / 1 cucchiaio di sciroppo d'oro (mais chiaro)

Qualche goccia di essenza di vaniglia (estratto)

5 ml/1 cucchiaino di zenzero macinato

50 g / 2 oz / 1/3 tazza di zucchero semolato (pasticcini)

Per preparare la torta, lavorare insieme il burro o la margarina e lo zucchero finché non diventa chiara e soffice. Aggiungete la farina, il lievito e lo zenzero e mescolate fino ad ottenere un composto omogeneo. Pressare in una pirofila quadrata da 20 cm/8 pollici e cuocere nel microonde a fuoco medio per 6 minuti, finché non diventa solido.

Per preparare la guarnizione, sciogliere il burro o la margarina nello sciroppo. Aggiungere l'essenza di vaniglia, lo zenzero e lo zucchero a velo e sbattere fino a ottenere una consistenza densa. Distribuire uniformemente sulla torta calda. Lasciare raffreddare su un piatto, quindi tagliare in barrette o quadratini.

Torta dorata al microonde

Prepara una torta da 20 cm / 8 pollici

Per la torta:

100 g / 4 oz / ½ tazza di burro o margarina, ammorbidito

100 g / 4 oz / ½ tazza di zucchero semolato (super fine)

2 uova, leggermente sbattute

Qualche goccia di essenza di vaniglia (estratto)

225 g / 8 once / 2 tazze di farina semplice (per tutti gli usi)

10 ml / 2 cucchiaini di lievito in polvere

un po' di sale

60 ml/4 cucchiai di latte

Per la glassa (glassa):

50 g / 2 once / ¼ tazza di burro o margarina, ammorbidito

100 g / 4 oz / 2/3 tazza di zucchero semolato (pasticciere).

Qualche goccia di essenza di vaniglia (estratto) (facoltativo)

Per preparare la torta, lavorare insieme il burro o la margarina e lo zucchero finché non diventa chiara e soffice. Aggiungete poco alla volta le uova, poi aggiungete la farina, il lievito e il sale. Aggiungere abbastanza latte per ottenere una consistenza liscia e liquida. Versare in due stampi adatti al microonde da 20 cm/8" e cuocere ciascuna torta separatamente per 6 minuti. Togliere dal forno, coprire con un foglio di alluminio e lasciare raffreddare per 5 minuti, quindi capovolgere su una gratella a raffreddare.

Per preparare la glassa, sbattere il burro o la margarina fino a ottenere un composto omogeneo, quindi aggiungere lo zucchero a velo e l'essenza di vaniglia, se lo si desidera. Distribuite metà della glassa sulla torta, poi spalmate sopra la restante.

Torta con nocciole e miele al microonde

Prepara una torta da 18 cm / 7 pollici

150 g / 5 oz / 2/3 tazza di burro o margarina, ammorbidito

100 g / 4 oz / ½ tazza di zucchero di canna morbido

45 ml / 3 cucchiai di miele chiaro

3 uova sbattute

225 g / 8 oz / 2 tazze di farina autolievitante (lievito)

100 g / 4 oz / 1 tazza di nocciole tritate

45 ml/3 cucchiai di latte

Glassa al burro

Mescolare il burro o la margarina, lo zucchero e il miele fino ad ottenere un composto chiaro e soffice. Sbattere gradualmente le uova, quindi aggiungere la farina, le nocciole e il latte quanto basta per ottenere una consistenza morbida. Versare in una pirofila da microonde da 18 cm/7 pollici e cuocere a fuoco medio per 7 minuti. Lasciare raffreddare sulla teglia per 5 minuti, quindi trasferire su una gratella per completare il raffreddamento. Tagliare la torta a metà in senso orizzontale, quindi inserirla insieme alla glassa di crema al burro (glassa).

Barrette di muesli gommose che possono essere utilizzate nel microonde

circa 10 anni fa

100 g / 4 once / ½ tazza di burro o margarina

175 g / 6 oz / ½ tazza di miele leggero

50 g / 2 oz / 1/3 tazza di albicocche già secche, tritate

50 g / 2 once / 1/3 tazza di datteri, tritati

75 g / 3 once / ¾ tazza di noci miste tritate

100 g / 4 once / 1 tazza di fiocchi d'avena

100 g / 4 oz / ½ tazza di zucchero di canna morbido

1 uovo sbattuto

25 g / 1 oz / 2 cucchiai di farina autolievitante

Mettete il burro o la margarina e il miele in una ciotola e fate soffriggere a fuoco vivace per 2 minuti. Mescolare tutti gli altri ingredienti. Disporre in una pirofila da forno a microonde da 20 cm/8 pollici e cuocere nel microonde per 8 minuti. Lasciarlo raffreddare un po', quindi tagliarlo a quadrotti o a fette.

Torta alle noci pecan al microonde

Prepara una torta da 20 cm / 8 pollici

150 g / 5 once / 1 tazza e ¼ di farina semplice (per tutti gli usi)

un po' di sale

5 ml/1 cucchiaino di cannella in polvere

75 g / 3 once / 1/3 tazza di zucchero di canna morbido

75 g / 3 once / 1/3 tazza di zucchero a velo (superfino).

75 ml/5 cucchiai di olio

25 g / 1 oz / ¼ tazza di noci, tritate

5 ml/1 cucchiaino di lievito in polvere

2,5 ml/½ cucchiaino di bicarbonato di sodio

1 uovo

150 ml / ¼ pt / 2/3 tazza di latte acido

Mescolare la farina, il sale e metà della cannella. Aggiungete lo zucchero e poi sbattete l'olio fino ad ottenere un composto ben amalgamato. Prelevare 90 ml/6 cucchiai del composto e aggiungerlo alle restanti noci e cannella. Aggiungere il lievito, il lievito, le uova e il latte alla maggior parte del composto e sbattere fino a ottenere un composto omogeneo. Versare il composto principale in una pirofila da forno a microonde da 20 cm unta e infarinata e cospargere sopra il composto di noci. Microonde a temperatura elevata per 8 minuti. Raffreddare su un piatto per 10 minuti e servire caldo.

Torta al succo d'arancia nel microonde

Prepara una torta da 20 cm / 8 pollici

250 g / 9 once / 2¼ tazze di farina semplice (per tutti gli usi)

225 g / 8 once / 1 tazza di zucchero semolato

15 ml/1 cucchiaio di lievito in polvere

2,5 ml / ½ cucchiaino di sale

60 ml/4 cucchiai di olio

250 ml / 8 fl oz / 2 tazze di succo d'arancia

2 uova, separate

100 g / 4 oz / ½ tazza di zucchero semolato (super fine)

Glassa di burro all'arancia

glassa all'arancia

Mescolare la farina, lo zucchero semolato, il lievito, il sale, l'olio e metà del succo d'arancia e sbattere fino ad ottenere un composto ben amalgamato. Sbattere i tuorli d'uovo e il restante succo d'arancia fino a ottenere un composto chiaro e liscio. Montare gli albumi a neve, aggiungere metà dello zucchero a velo e sbattere finché non si addensa e diventa lucido. Aggiungete al composto della torta lo zucchero rimasto e poi gli albumi. Versare in due forni a microonde da 20 cm/8" unti e oliati e cuocere separatamente a fuoco alto per 6-8 minuti. Togliere dal forno, coprire con un foglio di alluminio e lasciare raffreddare. Raffreddare per 5 minuti, quindi capovolgere su una gratella per completare cottura al forno.

Pavlova al microonde

Prepara una torta da 23 cm / 9 pollici

4 uova

225 g / 8 oz / 1 tazza di zucchero semolato (super fine)

2,5 ml / ½ cucchiaino di essenza di vaniglia (estratto)

Qualche goccia di aceto di vino

150 ml / ¼ pz / 2/3 tazza di panna

1 kiwi, a fette

100 g di fragole a fette

Sbattere gli albumi fino a formare delle punte morbide. Cospargere metà dello zucchero e sbattere bene. Aggiungere gradualmente lo zucchero rimanente, l'essenza di vaniglia e l'aceto e sbattere fino a quando non si scioglie. Versare il composto in un cerchio di 9/23 cm su un pezzo di carta da forno. Microonde a potenza elevata per 2 minuti. Lasciare nel microonde con lo sportello aperto per 10 minuti. Sfornare, togliere la carta protettiva e lasciar raffreddare. Montare la panna e spalmarla sulla meringa. Disporre bene la frutta sopra.

Cupcake al microonde

Prepara una torta da 20 cm / 8 pollici

225 g / 8 once / 2 tazze di farina semplice (per tutti gli usi)

15 ml/1 cucchiaio di lievito in polvere

50 g / 2 oz / ¼ tazza di zucchero a velo (super fine)

100 g / 4 once / ½ tazza di burro o margarina

75 ml / 5 cucchiai di panna singola (light)

1 uovo

Mescolare la farina, il lievito e lo zucchero, quindi incorporare il burro o la margarina fino a ottenere un composto che assomigli al pangrattato. Mescolare la panna e l'uovo, poi aggiungere la farina e la farina fino ad ottenere un composto omogeneo. Pressare in una pirofila unta da 20 cm/8" e cuocere nel microonde per 6 minuti. Lasciare riposare per 4 minuti, quindi rimuovere dalla padella e far raffreddare completamente su una gratella.

Torta di fragole al microonde

Prepara una torta da 20 cm / 8 pollici

900 g di fragole, tagliate a fette spesse

225 g / 8 oz / 1 tazza di zucchero semolato (super fine)

225 g / 8 once / 2 tazze di farina semplice (per tutti gli usi)

15 ml/1 cucchiaio di lievito in polvere

175 g / 6 once / ¾ tazza di burro o margarina

75 ml / 5 cucchiai di panna singola (light)

1 uovo

150 ml / ¼ pz / 2/3 tazza di panna doppia (pesante).

Mescolare le fragole con 175 g / 6 oz / ¾ tazza di zucchero, quindi conservare in frigorifero per almeno 1 ora.

Setacciare insieme la farina, il lievito e lo zucchero rimanente, quindi incorporare 100 g / 4 once / ½ tazza di burro o margarina fino a quando il composto non assomiglia a pangrattato. Mescolare la panna e le uova, quindi aggiungere la farina al composto fino ad ottenere un impasto liscio. Pressare in una pirofila unta da 20 cm/8" e cuocere nel microonde per 6 minuti. Lasciare riposare per 4 minuti, quindi togliere dalla padella e dividere a metà mentre è ancora caldo. Lasciare raffreddare.

Spennellare le due superfici tagliate con il burro o la margarina rimanenti. Distribuire un terzo della panna montata sulla base e ricoprire con tre quarti delle fragole. Coprire con un altro terzo della glassa, quindi posizionare sopra il secondo cupcake. Ricoprire con la restante panna e fragole.

Torta al microonde

Prepara una torta da 18 cm / 7 pollici

150 g / 5 oz / 1¼ tazze di farina (lievito)

100 g / 4 once / ½ tazza di burro o margarina

100 g / 4 oz / ½ tazza di zucchero semolato (super fine)

2 uova

30 ml/2 cucchiai di latte

Sbattere tutti gli ingredienti fino ad ottenere una massa liscia. Versare in una pirofila leggera da 18 cm/7 pollici e cuocere nel microonde a fuoco medio per 6 minuti. Lasciare raffreddare sulla teglia per 5 minuti, quindi trasferire su una gratella per completare il raffreddamento.

Barrette Sultan utilizzabili nel microonde

12 prima

175 g / 6 once / ¾ tazza di burro o margarina

100 g / 4 oz / ½ tazza di zucchero semolato (super fine)

15 ml / 1 cucchiaio di sciroppo d'oro (mais chiaro)

75 g / 3 once / ½ tazza di uva sultanina (uvetta dorata)

5 ml/1 cucchiaino di scorza di limone grattugiata

225 g / 8 oz / 2 tazze di farina autolievitante (lievito)

Per la glassa (glassa):
175 g / 6 oz / 1 tazza di zucchero semolato (pasticcini)

30 ml/2 cucchiai di succo di limone

Metti nel microonde il burro o la margarina, lo zucchero a velo e lo sciroppo a fuoco medio per 2 minuti. Aggiungere l'uvetta e la scorza di limone. Aggiungere la farina. Versare in uno stampo quadrato da 20 cm/8 cm unto e foderato e cuocere nel microonde a fuoco medio per 8 minuti fino a quando non si sarà solidificato. Si raffredda leggermente.

Mettete in una ciotola un po' di zucchero e fate un buco al centro. Aggiungere gradualmente il succo di limone per ottenere una glassa liscia. Stendetela sulla torta ancora tiepida e lasciatela raffreddare completamente.

Biscotti con gocce di cioccolato nel microonde

Ce ne sono 24

225 g / 8 oz / 1 tazza di burro o margarina, ammorbidito

100 g / 4 oz / ½ tazza di zucchero di canna scuro

5 ml / 1 cucchiaino di essenza di vaniglia (estratto)

225 g / 8 oz / 2 tazze di farina autolievitante (lievito)

50 g / 2 once / ½ tazza di cioccolato in polvere

Sbattere il burro, lo zucchero e l'essenza di vaniglia fino a ottenere un composto chiaro e soffice. Unire lentamente la farina e il cioccolato e mescolare fino ad ottenere un composto omogeneo. Formare delle palline grandi come una noce, posizionarne sei su una teglia unta e adatta al microonde e appiattirle leggermente con una forchetta. Metti nel microonde ogni lotto per 2 minuti, fino a quando tutti i biscotti saranno cotti. Lasciare raffreddare su una griglia.

Biscotti al cocco nel forno a microonde

Ce ne sono 24

50 g / 2 once / ¼ tazza di burro o margarina, ammorbidito

75 g / 3 once / 1/3 tazza di zucchero a velo (superfino).

1 uovo, leggermente sbattuto

2,5 ml / ½ cucchiaino di essenza di vaniglia (estratto)

75 g / 3 once / ¾ tazza di farina semplice (per tutti gli usi)

25 g / 1 oz / ¼ tazza di cocco essiccato (tritato)

un po' di sale

30 ml / 2 cucchiai di marmellata di fragole (riserva)

Mescolare il burro o la margarina e lo zucchero fino ad ottenere un composto chiaro e soffice. Aggiungete l'uovo e l'essenza di vaniglia alternandoli alla farina, al cocco e al sale e mescolate fino ad ottenere un composto omogeneo. Formare delle palline grandi quanto una noce e disporne sei su una teglia unta e adatta al microonde, quindi premere leggermente con una forchetta per appiattirle leggermente. Microonde a fuoco alto per 3 minuti fino a quando non diventa sodo. Trasferire su una gratella e mettere un cucchiaio di marmellata al centro di ogni biscotto. Ripeti con i biscotti rimanenti.

Florentini al microonde

12 prima

50 g / 2 once / ¼ tazza di burro o margarina

50 g / 2 once / ¼ tazza di zucchero demerara

15 ml / 1 cucchiaio di sciroppo d'oro (mais chiaro)

50 g / 2 oz / ¼ tazza di ciliegie glassate (candite)

75 g / 3 once / ¾ tazza di noci, tritate

25 g / 1 oz / 3 cucchiai di uva sultanina (uvetta dorata)

25 g / 1 oz / ¼ tazza di mandorle a scaglie (a fette)

30 ml / 2 cucchiai di scorza mista (candita) tritata

25 g / 1 oncia / ¼ tazza di farina semplice (per tutti gli usi)

100 g / 4 oz / 1 tazza di cioccolato fondente (semidolce), tritato (opzionale)

Metti nel microonde il burro o la margarina, lo zucchero e lo sciroppo a temperatura elevata per 1 minuto finché non si sciolgono. Aggiungere le ciliegie, le noci, l'uva sultanina e le mandorle, quindi ricoprire con le bucce miste e la farina. Mettere cucchiaini di composto ben distanziati su carta impermeabile (cerata) e friggerne quattro alla volta a fuoco alto per 1 minuto e mezzo ogni porzione. Pulisci i bordi con un coltello, lascia raffreddare sulla carta per 3 minuti, quindi trasferiscilo su una gratella a raffreddare. Ripeti con i biscotti rimanenti. Se volete, sciogliete il cioccolato in una ciotola per 30 secondi e distribuitelo su un lato delle fiorentine, lasciandolo indurire.

Biscotti alle nocciole e ciliegie al microonde

Ce ne sono 24

100 g / 4 oz / ½ tazza di burro o margarina, ammorbidito

100 g / 4 oz / ½ tazza di zucchero semolato (super fine)

1 uovo sbattuto

175 g / 6 oz / 1 tazza e ½ di farina semplice (per tutti gli usi)

50 g / 2 oz / ½ tazza di nocciole tritate

100 g / 4 oz / ½ tazza di ciliegie glassate (candite)

Mescolare il burro o la margarina e lo zucchero fino ad ottenere un composto chiaro e soffice. Aggiungere gradualmente l'uovo e poi la farina, le nocciole e le ciliegie. Disporre i pezzi ben distanziati su teglie adatte al microonde e cuocere otto biscotti alla volta a fuoco alto per ca. 2 minuti finché non si indurisce.

Biscotti al microonde Sultana

Ce ne sono 24

225 g / 8 once / 2 tazze di farina semplice (per tutti gli usi)

5 ml / 1 cucchiaino di mix di spezie macinate (torta di mele)

175 g / 6 once / ¾ tazza di burro o margarina, ammorbidito

100 g / 4 oz / 2/3 tazza di uva sultanina (uvetta dorata)

175 g / 6 once / ¾ tazza di zucchero demerara

Incorporare la miscela di farina e spezie, quindi mescolare il burro o la margarina, l'uva sultanina e 100 g / 4 once / ½ tazza di zucchero per ottenere una pastella liscia. Formare due salsicce di circa 18 cm di lunghezza e passarle nello zucchero rimasto. Tagliarne e posizionarne sei su una teglia per microonde unta (per i biscotti) e cuocerli nel microonde per 2 minuti. Lasciarlo raffreddare su una griglia e ripetere l'operazione con il resto dei biscotti.

Pane alla banana al microonde

Prepara una pagnotta da 450 g/1 libbra

75 g / 3 once / 1/3 tazza di burro o margarina, ammorbidito

175 g / 6 oz / ¾ tazza di zucchero semolato (super fine)

2 uova, leggermente sbattute

200 g / 7 oz / 1 tazza e ¾ di farina semplice (per tutti gli usi)

10 ml / 2 cucchiaini di lievito in polvere

2,5 ml/½ cucchiaino di bicarbonato di sodio

un po' di sale

2 banane mature

15 ml/1 cucchiaio di succo di limone

60 ml/4 cucchiai di latte

50 g / 2 oz / ½ tazza di noci, tritate

Mescolare il burro o la margarina e lo zucchero fino ad ottenere un composto chiaro e soffice. Aggiungere poco a poco le uova, quindi aggiungere la farina, il lievito, il bicarbonato e il sale. Schiacciare le banane con il succo di limone, quindi aggiungere il composto di latte e noci. Versare in uno stampo per microonde da 450 g/1 libbra unto e infarinato (stampo per muffin) e cuocere nel microonde a potenza massima per 12 minuti. Sformare, coprire con un foglio di alluminio e lasciare raffreddare per 10 minuti, quindi posizionare su una griglia a raffreddare.

Pane con formaggio nel forno a microonde

Prepara una pagnotta da 450 g/1 libbra

50 g / 2 once / ¼ tazza di burro o margarina

250 ml / 8 fl oz / 1 tazza di latte

2 uova, leggermente sbattute

225 g / 8 once / 2 tazze di farina semplice (per tutti gli usi)

10 ml / 2 cucchiaini di lievito in polvere

10 ml / 2 cucchiai di senape in polvere

2,5 ml / ½ cucchiaino di sale

175 g / 6 once / 1 tazza e ½ di formaggio cheddar, grattugiato

Sciogliere il burro o la margarina in un pentolino a fuoco alto per 1 minuto. Aggiungere il latte e le uova. Aggiungere la farina, il lievito, la senape, il sale e 100 g / 4 oz / 1 tazza di formaggio. Aggiungere il composto di latte finché non sarà ben amalgamato. Versare in una teglia per microonde e cuocere nel microonde per 9 minuti. Cospargere il resto del formaggio, coprire con un foglio di alluminio e lasciare riposare per 20 minuti.

Pane alle noci pecan al microonde

Prepara una pagnotta da 450 g/1 libbra

225 g / 8 once / 2 tazze di farina semplice (per tutti gli usi)

300 g / 10 oz / 1¼ tazze di zucchero a velo (super fine)

5 ml/1 cucchiaino di lievito in polvere

un po' di sale

100 g / 4 oz / ½ tazza di burro o margarina, ammorbidito

150 ml / ¼ pt / 2/3 tazza di latte

2,5 ml / ½ cucchiaino di essenza di vaniglia (estratto)

4 uova

50 g / 2 oz / ½ tazza di noci, tritate

Mescolare la farina, lo zucchero, il lievito e il sale. Sbattere il burro o la margarina, quindi il latte e l'essenza di vaniglia. Montare gli albumi fino a renderli cremosi, quindi aggiungere le noci. Versare in uno stampo per microonde da 450 g/1 libbra unto e infarinato (stampo per muffin) e cuocere nel microonde a potenza massima per 12 minuti. Sfornare, coprire con un foglio di alluminio e lasciare raffreddare per 10 minuti, quindi posizionare su una griglia a raffreddare.

Torta agli amaretti senza cottura

Prepara una torta da 20 cm / 8 pollici

100 g / 4 once / ½ tazza di burro o margarina

175 g / 6 oz / 1 tazza e ½ di cioccolato fondente (semidolce).

75g / 3oz Amaretti (biscotti), tritati grossolanamente

175 g / 6 oz / 1 tazza e ½ di noci, tritate

50 g / 2 once / ½ tazza di pinoli

75 g / 3 oz / 1/3 tazza di ciliegie glassate (candite), tritate

30 ml/2 cucchiai di Grand Marnier

225 g / 8 once / 1 tazza di mascarpone

Sciogliere il burro o la margarina e il cioccolato in una ciotola resistente al calore posta sopra una pentola di acqua bollente. Togliere dal fuoco e aggiungere i biscotti, le noci e le ciliegie. Versare in una pellicola alimentare (pellicola di plastica) a forma di sandwich (vassoio) e premere delicatamente. Lasciarlo raffreddare per 1 ora finché non si solidifica. Disporre su un piatto da portata ed eliminare la pellicola di plastica. Versare il Grand Marnier e il mascarpone e disporre sul fondo.

Barrette di riso croccanti americane

Fa circa 24 battute

50 g / 2 once / ¼ tazza di burro o margarina

8 once / 225 g di marshmallow bianchi

5 ml / 1 cucchiaino di essenza di vaniglia (estratto)

150 g / 5 oz / 5 tazze di miscela di riso soffiato

Sciogliere il burro o la margarina in una padella capiente a fuoco basso. Aggiungere i marshmallow e cuocere, mescolando continuamente, finché i marshmallow non si saranno sciolti e il composto sarà diventato sciropposo. Togliere dal fuoco e aggiungere l'essenza di vaniglia. Mescolare il riso finché non sarà ricoperto uniformemente. Pressare in una teglia quadrata da 23 cm e tagliare a barrette. Lascia riposare.

Quadrati di albicocca

12 prima

50 g / 2 once / ¼ tazza di burro o margarina

175 g / 6 oz / 1 lattina piccola di latte evaporato

15 ml / 1 cucchiaio di miele chiaro

45 ml/3 cucchiai di succo di mela

50 g / 2 once / ¼ tazza di zucchero di canna morbido

50 g / 2 once / 1/3 tazza di uva sultanina (uvetta dorata)

225 g / 8 oz / 11/3 tazze di albicocche secche già pronte, tritate

100 g / 4 oz / 1 tazza di cocco essiccato (tritato)

225 g / 8 once / 2 tazze di avena

Sciogliere il burro o la margarina con il latte, il miele, il succo di mela e lo zucchero. Mescolare gli ingredienti rimanenti. Pressare in uno stampo da 25 cm/12 unto e far raffreddare prima di tagliare a dadini.

Torta svizzera alle albicocche

Prepara una torta da 23 cm / 9 pollici

400 g/14 once/1 lattina grande di albicocche tagliate a metà, scolate e con il succo messo da parte

50 g / 2 once / ½ tazza di panna in polvere

75 g / 3 oz / ¼ tazza di gelatina di albicocche (marmellata trasparente)

75 g / 3 oz / ½ tazza di albicocche già secche, tritate

400 g / 14 oz / 1 lattina grande di latte condensato

225 g / 8 once / 1 tazza di ricotta

45 ml/3 cucchiai di succo di limone

1 panino svizzero, affettato

Preparare il succo di albicocca con acqua per ottenere 500 ml / 17 fl oz / 2¼ tazze. Mescolare la panna in polvere fino a formare una pasta con un po' di liquido, quindi far bollire il resto. Aggiungere la panna e la gelatina di albicocche e cuocere fino a quando il composto sarà denso e lucido, mescolando continuamente. Schiacciare la conserva di albicocche e aggiungerla al composto di albicocche secche. Lasciamo raffreddare, mescolando di tanto in tanto.

Mescolare il latte condensato, la ricotta e il succo di limone fino ad ottenere un composto ben amalgamato, quindi aggiungere la miscela di gelatina. Foderare una tortiera da 23 cm / 9 pollici (vassoio) con pellicola trasparente (involucro di plastica) e posizionare le fette di rotolo (gelatina) sul fondo e sui lati della tortiera. Versare il composto della torta in frigorifero finché non si indurisce. Rimuovere con attenzione quando è pronto per servire.

Cupcake rotti

12 prima

100 g / 4 once / ½ tazza di burro o margarina

30 ml / 2 cucchiai di zucchero a velo (super fine)

15 ml / 1 cucchiaio di sciroppo d'oro (mais chiaro)

30 ml / 2 cucchiai di cacao in polvere (cioccolato non zuccherato)

225 g / 8 oz / 2 tazze di briciole di cracker tritati (torta)

50 g / 2 once / 1/3 tazza di uva sultanina (uvetta dorata)

Sciogliere il burro o la margarina con lo zucchero e lo sciroppo senza far bollire il composto. Aggiungere cacao, biscotti e uva sultanina. Stendere in uno stampo da 25 cm/10 unto, lasciar raffreddare e riporre in frigorifero finché non si sarà rassodato. Tagliare a quadrati.

Torta al latticello senza cottura

Prepara una torta da 23 cm / 9 pollici

30 ml/2 cucchiai di crema pasticciera

100 g / 4 oz / ½ tazza di zucchero semolato (super fine)

450 ml / ¾ pt / 2 tazze di latte

175 ml / 6 fl oz / ¾ tazza di latticello

25 g / 1 oz / 2 cucchiai di burro o margarina

400 g / 12 oz biscotti normali, tritati

120 ml / 4 fl oz / ½ tazza di panna

Mescolare la crema pasticcera e lo zucchero fino ad ottenere una pasta con un po' di latte. Far bollire il latte rimanente. Unire la pasta, quindi rimettere il tutto nella padella e mescolare a fuoco basso per circa 5 minuti finché non si sarà addensato. Aggiungi il latticello e il burro o la margarina. Disporre a strati il composto di biscotti tritati e formaggio in una tortiera da 23 cm rivestita con pellicola trasparente o su un piatto di vetro. Premere leggermente e conservare in frigorifero fino al set. Montare la panna a neve ben ferma e poi disporre le rosette di crema sulla torta. Servire dal piatto o sollevare con attenzione per servire.

fette di castagna

Prepara una pagnotta da 900 g / 2 libbre

225 g / 8 oz / 2 tazze di cioccolato fondente (semidolce).

100 g / 4 oz / ½ tazza di burro o margarina, ammorbidito

100 g / 4 oz / ½ tazza di zucchero semolato (super fine)

450 g / 1 lb / 1 scatola grande di purea di castagne non zuccherata

25 g / 1 oncia / ¼ tazza di farina di riso

Qualche goccia di essenza di vaniglia (estratto)

150 ml / ¼ pezzo / 2/3 tazza di panna montata

Disporre il cioccolato per la decorazione

Sciogliere il cioccolato fondente in una ciotola resistente al calore sopra una pentola di acqua bollente. Mescolare il burro o la margarina e lo zucchero fino ad ottenere un composto chiaro e soffice. Aggiungere la purea di castagne, il cioccolato, la farina di riso e l'essenza di vaniglia. Versare in uno stampo per pane da 900 g/2 libbre unto e foderato e conservare in frigorifero fino a quando non diventa solido. Decorare con panna montata e cioccolato grattugiato prima di servire.

Torta di castagne

Produce una torta da 900 g/2 libbre

Per la torta:

400 g / 14 oz / 1 scatola grande di purea di castagne

100 g / 4 oz / ½ tazza di burro o margarina, ammorbidito

1 uovo

Qualche goccia di essenza di vaniglia (estratto)

30 ml / 2 cucchiai di cognac

24 pan di spagna (biscotti)

Per la glassa:

30 ml / 2 cucchiai di cacao in polvere (cioccolato non zuccherato)

15 ml/1 cucchiaio di zucchero a velo (superfino).

30 ml/2 cucchiai di acqua

Per la crema al burro:

100 g / 4 oz / ½ tazza di burro o margarina, ammorbidito

100 g / 4 oz / 2/3 tazza congelato (zucchero), setacciato

15 ml / 1 cucchiaio di essenza di caffè (estratto)

Per preparare la torta, unire la purea di castagne, il burro o la margarina, l'uovo, l'essenza di vaniglia e 15 ml/1 cucchiaio di brandy e mescolare fino ad ottenere un composto omogeneo. Imburrare e foderare uno stampo da 900 g/2 libbre e rivestire il fondo e i lati con i savoiardi. Spruzzate il rimanente brandy sui biscotti e versate al centro il composto di castagne. Raffreddare fino a quando diventa rigido.

Sollevare la scatola e rimuovere la carta di rivestimento. Sciogliere gli ingredienti della glassa in una ciotola resistente al calore sopra una pentola di acqua bollente, mescolando fino a ottenere un composto omogeneo. Lasciare raffreddare leggermente, quindi distribuire la maggior parte della glassa sulla parte superiore della torta. Sbattere gli ingredienti della crema al burro fino a ottenere un composto omogeneo, quindi ruotare attorno al bordo della torta. Infine, irrorare con la glassa tenuta da parte.

Barrette di cioccolato e mandorle

12 prima

175 g / 6 oz / 1 tazza e ½ di cioccolato fondente (semidolce), tritato

3 uova, separate

120 ml / 4 fl oz / ½ tazza di latte

10 ml / 2 cucchiaini di gelatina in polvere

120 ml / ½ tazza di panna doppia (pesante)

45 ml / 3 cucchiai di zucchero a velo (super fine)

60 ml / 4 cucchiai di mandorle in scaglie (fette), tostate

Sciogliere il cioccolato in una ciotola resistente al calore posta sopra una pentola di acqua bollente. Togliere dal fuoco e sbattere i tuorli. Far bollire il latte in una pentola a parte, quindi aggiungere la gelatina. Aggiungere il composto di cioccolato, poi la panna. Montare gli albumi fino a quando non saranno tagliati, poi aggiungere lo zucchero e sbattere ancora fino a quando non saranno tagliati e lucidi. Mescolare nella miscela. Versare in uno stampo da plumcake da 450 g unto e foderato, cospargere con le mandorle tostate e lasciare raffreddare, quindi riporre in frigorifero per almeno 3 ore fino a solidificarsi. Girare e tagliare a fette spesse per servire.

torta croccante al cioccolato

Prepara una pagnotta da 450 g/1 libbra

150 g / 5 once / 2/3 tazza di burro o margarina
30 ml / 2 cucchiai di sciroppo d'oro (mais chiaro)

175 g / 6 oz / 1 tazza e ½ di briciole di cracker digestive (cracker Graham)

50 g / 2 oz / 2 tazze di miscela di riso soffiato

25 g / 1 oz / 3 cucchiai di uva sultanina (uvetta dorata)

25 g / 1 oz / 2 cucchiai di ciliegie glassate (candite), tritate

225 g / 8 once / 2 tazze di gocce di cioccolato

30 ml/2 cucchiai di acqua

175 g / 6 oz / 1 tazza di zucchero semolato, setacciato

Sciogliere 100 g di burro o margarina con lo sciroppo, quindi togliere dal fuoco e incorporare i biscotti, i cereali, l'uvetta, le ciliegie e i tre quarti delle gocce di cioccolato. Versare in uno stampo da 450 g unto e foderato e livellare la superficie. Raffreddare fino a quando diventa rigido. Sciogliere il burro o la margarina rimanenti con il cioccolato rimanente e l'acqua. Aggiungere un po' di zucchero e mescolare fino ad ottenere un composto omogeneo. Togliete la torta dallo stampo e tagliatela a metà nel senso della lunghezza. Unire insieme metà della glassa al cioccolato (glassa), posizionare su un piatto da portata, quindi versare sopra il resto della glassa. Raffreddare prima di servire.

Quadratini di briciole di cioccolato

circa 24 anni fa

225 g / 8 oz cracker digestive (cracker Graham)

100 g / 4 once / ½ tazza di burro o margarina

25 g / 1 oncia / 2 cucchiai. zucchero (superfino)

15 ml / 1 cucchiaio di sciroppo d'oro (mais chiaro)

45 ml / 3 cucchiai di cacao in polvere (cioccolato non zuccherato)

200 g / 7 oz / 1¾ tazza di glassa per torta al cioccolato

Mettete la torta in un sacchetto di plastica e schiacciatela con il mattarello. Sciogliere il burro o la margarina in una padella, quindi aggiungere lo zucchero e lo sciroppo. Togliere dal fuoco e aggiungere la mollica di torta e il cacao. Formate uno stampo quadrato da 18 cm imburrato e foderato e pressatelo uniformemente. Lasciare raffreddare, quindi riporre in frigorifero.

Sciogliere il cioccolato in una ciotola resistente al calore posta sopra una pentola di acqua bollente. Distribuirvi sopra il biscotto, tagliare in file con la forchetta man mano che si indurisce. Tagliare a quadratini quando sono sodi.

Torta al cioccolato per il congelatore

Produce una torta da 450 g/1 libbra

100 g / 4 oz / ½ tazza di zucchero di canna morbido

100 g / 4 once / ½ tazza di burro o margarina

50 g / 2 once / ½ tazza di cioccolato in polvere

25 g / 1 oncia / ¼ tazza di cacao in polvere (cioccolato non zuccherato)

30 ml / 2 cucchiai di sciroppo d'oro (mais chiaro)

Cracker digestivi da 150 g / 5 oz (cracker Graham) o cracker ricchi di tè

50 g / 2 oz / ¼ tazza di ciliegie glassate (candite) o un misto di noci e uvetta

100 g / 4 oz / 1 tazza di cioccolato al latte

Mettete in un pentolino lo zucchero, il burro o la margarina, la cioccolata, il cacao e lo sciroppo e fate scaldare un po' finché il burro non si scioglie, mescolate bene. Togliere dal fuoco e sbriciolare in torte. Aggiungere le ciliegie o le noci e l'uvetta e versare in una teglia da 450 g, lasciare raffreddare in frigorifero.

Sciogliere il cioccolato in una ciotola resistente al calore sopra una pentola di acqua bollente. Distribuirlo sulla torta ormai raffreddata e una volta pronto affettarlo.

Torta al cioccolato e frutta

Prepara una torta da 18 cm / 7 pollici

100 g / 4 oz / ½ tazza di burro o margarina, sciolto

100 g / 4 oz / ½ tazza di zucchero di canna morbido

225 g / 8 oz / 2 tazze di briciole di cracker digestive (cracker Graham)

50 g / 2 once / 1/3 tazza di uva sultanina (uvetta dorata)

45 ml / 3 cucchiai di cacao in polvere (cioccolato non zuccherato)

1 uovo sbattuto

Qualche goccia di essenza di vaniglia (estratto)

Mescolare il burro o la margarina con lo zucchero, quindi aggiungere gli altri ingredienti e sbattere bene. Versare in una teglia (vassoio) da 18 cm / 7 pollici unta con una superficie piana. Da freddo a fermo.

Quadrato di cioccolato allo zenzero

Ce ne sono 24

100 g / 4 once / ½ tazza di burro o margarina

100 g / 4 oz / ½ tazza di zucchero di canna morbido

30 ml / 2 cucchiai di cacao in polvere (cioccolato non zuccherato)

1 uovo, leggermente sbattuto

225 g / 8 oz / 2 tazze di briciole di biscotti di pan di zenzero (briciole)

15 ml / 1 cucchiaio di zenzero cristallizzato tritato (candito)

Sciogliere il burro o la margarina, quindi aggiungere lo zucchero e il cacao fino ad ottenere un composto ben amalgamato. Unire le uova, il pangrattato e lo zenzero. Pressare in uno Swiss Roll (forma di muffin gelatinoso) e conservare in frigorifero fino a quando non diventa solido. Tagliare a quadrati.

Quadrati deluxe al cioccolato e zenzero

Ce ne sono 24

100 g / 4 once / ½ tazza di burro o margarina

100 g / 4 oz / ½ tazza di zucchero di canna morbido

30 ml / 2 cucchiai di cacao in polvere (cioccolato non zuccherato)

1 uovo, leggermente sbattuto

225 g / 8 oz / 2 tazze di briciole di biscotti di pan di zenzero (briciole)

15 ml / 1 cucchiaio di zenzero cristallizzato tritato (candito)

100 g / 4 oz / 1 tazza di cioccolato fondente (semidolce).

Sciogliere il burro o la margarina, quindi aggiungere lo zucchero e il cacao fino ad ottenere un composto ben amalgamato. Unire le uova, il pangrattato e lo zenzero. Pressare in uno Swiss Roll (forma di muffin gelatinoso) e conservare in frigorifero fino a quando non diventa solido.

> **Sciogliere il cioccolato in una ciotola resistente al calore posta sopra una pentola di acqua bollente. Distribuite sulla torta e lasciate riposare. Tagliare a quadretti quando il cioccolato è quasi duro.**

Biscotti al cioccolato e miele

12 prima

225 g / 8 once / 1 tazza di burro o margarina

30 ml / 2 cucchiai di miele chiaro

90 ml / 6 cucchiai di carruba o cacao in polvere (cioccolato non zuccherato)

225 g / 8 oz / 2 tazze di pangrattato (biscotto)

Sciogliere il burro o la margarina, il miele e la carruba o il cacao in polvere in una padella finché non saranno ben amalgamati. Aggiungi i cracker. Versare in una tortiera quadrata da 20 cm (la tortiera) e lasciare raffreddare, quindi stendere.

Torta al cioccolato a strati

Produce una torta da 450 g/1 libbra

300 ml / ½ pt / 1¼ tazza di panna doppia (pesante)

225 g / 8 oz / 2 tazze di cioccolato fondente (semidolce), spezzato

5 ml / 1 cucchiaino di essenza di vaniglia (estratto)

20 biscotti normali

Scaldare la panna in una padella a fuoco medio fino quasi a bollire. Togliere dal fuoco e aggiungere il cioccolato, mescolare, coprire e lasciare riposare per 5 minuti. Aggiungere l'essenza di vaniglia e mescolare fino ad ottenere un composto ben amalgamato, quindi conservare in frigorifero finché il composto non inizia ad addensarsi.

Rivestire uno stampo per pane (vassoio) da 450 g/1 libbra con pellicola trasparente (involucro di plastica). Stendete uno strato di cioccolato sul fondo, poi adagiatevi sopra dei biscotti. Continuare ad aggiungere cioccolato e biscotti a strati fino al loro esaurimento. Terminare con uno strato di cioccolato. Coprire con pellicola trasparente e riporre in frigorifero per almeno 3 ore. Sformare la torta e togliere la pellicola trasparente.

buone barrette di cioccolato

12 prima

100 g / 4 once / ½ tazza di burro o margarina

30 ml / 2 cucchiai di sciroppo d'oro (mais chiaro)

30 ml / 2 cucchiai di cacao in polvere (cioccolato non zuccherato)

225 g / 8 oz / 1 confezione Cracker (biscotti) dolci o semplici, tritati

100 g / 4 oz / 1 tazza di cioccolato fondente (semidolce), tritato

Sciogliere il burro o la margarina e lo sciroppo, quindi togliere dal fuoco e incorporare il cacao e i biscotti tritati. Distribuire il composto in una tortiera quadrata da 23 cm e livellare la superficie. Sciogliere il cioccolato in una ciotola resistente al calore sopra una pentola di acqua bollente e distribuirlo sopra. Lasciare raffreddare leggermente, quindi tagliare in barrette o quadrati e conservare in frigorifero finché non diventa solido.

Quadrati pralinati al cioccolato

12 prima

100 g / 4 once / ½ tazza di burro o margarina

30 ml / 2 cucchiai di zucchero a velo (super fine)

15 ml / 1 cucchiaio di sciroppo d'oro (mais chiaro)

15 ml/1 cucchiaio di cioccolato da bere in polvere

225 g di cracker digestive (cracker Graham), tritati

200 g / 7 oz / 1¾ tazza di cioccolato fondente (semidolce).

100 g / 4 oz / 1 tazza di noci miste tritate

Sciogliere in un pentolino il burro o la margarina, lo zucchero, lo sciroppo e il cioccolato. Portare a ebollizione, quindi cuocere a fuoco lento per 40 secondi. Togliere dal fuoco e aggiungere i biscotti e le noci. Pressare in una tortiera unta da 28 x 18 cm. Sciogliere il cioccolato in una ciotola resistente al calore sopra un pentolino con acqua bollente. Distribuire sui biscotti e lasciar raffreddare, quindi conservare in frigorifero per 2 ore prima di servire. Tagliare a cubetti.

Scaglie di cocco

12 prima

100 g / 4 oz / 1 tazza di cioccolato fondente (semidolce).

30 ml/2 cucchiai di latte

30 ml / 2 cucchiai di sciroppo d'oro (mais chiaro)

100 g / 4 oz / 4 tazze di mix di riso soffiato

50 g / 2 once / ½ tazza di cocco essiccato (grattugiato)

Sciogliere in un pentolino il cioccolato, il latte e lo sciroppo. Togliere dal fuoco e aggiungere i cereali e il cocco. Mettere in scatole di carta per torte (carta per cupcake) e lasciare indurire.

barrette croccanti

12 prima

175 g / 6 once / ¾ tazza di burro o margarina

50 g / 2 once / ¼ tazza di zucchero di canna morbido

30 ml / 2 cucchiai di sciroppo d'oro (mais chiaro)

45 ml / 3 cucchiai di cacao in polvere (cioccolato non zuccherato)

75 g / 3 once / ½ tazza di uvetta o uva sultanina (uvetta dorata)

350 g / 12 oz / 3 tazze di cereali croccanti d'avena

225 g / 8 oz / 2 tazze di cioccolato fondente (semidolce).

Sciogliere il burro o la margarina con lo zucchero, lo sciroppo e il cacao. Aggiungi l'uvetta o l'uva sultanina ai cereali. Premere il composto in una teglia da 25 cm/12" (stampo per muffin). Sciogliere il cioccolato in una ciotola resistente al calore sopra una pentola con acqua bollente. Dividere in barrette e lasciare raffreddare, quindi raffreddare prima di servire. Tagliare a barrette.

Biscotti all'uvetta e cocco

12 prima

100 g / 4 oz / 1 tazza di cioccolato bianco

30 ml / 2 cucchiai di latte

30 ml / 2 cucchiai di sciroppo d'oro (mais chiaro)

175 g / 6 oz / 6 tazze di mix di riso soffiato

50 g / 2 once / 1/3 tazza di uvetta

Sciogliere in un pentolino il cioccolato, il latte e lo sciroppo. Togliere dal fuoco e aggiungere i cereali e l'uvetta. Mettere in scatole di carta per torte (carta per cupcake) e lasciare indurire.

Posti di caffè con latte

20 fa

25 g / 1 oz / 2 cucchiai di gelatina in polvere

75 ml/5 cucchiai di acqua fredda

225 g / 8 oz / 2 tazze di briciole di biscotti normali (biscotti)

50 g / 2 once / ¼ tazza di burro o margarina, sciolto

400 g / 14 oz / 1 lattina grande di latte evaporato

150 g / 5 once / 2/3 tazza di zucchero a velo (superfino).

400 ml / 14 fl oz / 1¾ tazza di caffè nero forte con ghiaccio

Panna montata e fettine di arancia candita per la decorazione

In una ciotola spruzziamo la gelatina con l'acqua e mescoliamo fino a renderla soffice. Metti il piatto in una pentola con acqua tiepida e lascialo finché non si scioglie. Si raffredda leggermente. Mescolare i biscotti con il burro fuso e pressarli sul fondo e sui lati di una teglia rettangolare da 30 x 20 cm unta (stampo per muffin). Sbattere il latte evaporato finché non si addensa, quindi aggiungere gradualmente lo zucchero, quindi aggiungere. di gelatina sciolta e versare il caffè sulla base e lasciare raffreddare, tagliare a quadrotti e decorare con panna montata e fettine di arancia candita.

non cuocere la torta alla frutta

Prepara una torta da 23 cm / 9 pollici

450 g / 1 lb / 22/3 tazze di frutta secca (mix per torta di frutta)

450 g / 1 libbra di cracker semplici (biscotti), tritati

100 g / 4 oz / ½ tazza di burro o margarina, sciolto

100 g / 4 oz / ½ tazza di zucchero di canna morbido

400 g / 14 oz / 1 lattina grande di latte condensato

5 ml / 1 cucchiaino di essenza di vaniglia (estratto)

Mescolare tutti gli ingredienti finché non saranno ben amalgamati. Versare in una tortiera da 23 cm/9 unta, ricoperta con pellicola trasparente (pellicola di plastica) e premere verso il basso. Raffreddare fino a quando diventa rigido.

luoghi fecondi

circa 12 fa

100 g / 4 once / ½ tazza di burro o margarina

100 g / 4 oz / ½ tazza di zucchero di canna morbido

400 g / 14 oz / 1 lattina grande di latte condensato

5 ml / 1 cucchiaino di essenza di vaniglia (estratto)

250 g / 9 oz / 1 tazza e ½ di mix di frutta secca (mix per torta di frutta)

100 g / 4 oz / ½ tazza di ciliegie glassate (candite)

50 g / 2 oz / ½ tazza di noci miste tritate

400 g / 14 oz di cracker semplici (biscotti), tritati

Sciogliere il burro o la margarina e lo zucchero a fuoco basso. Aggiungere il latte condensato e l'essenza di vaniglia e togliere dal fuoco. Mescolare gli ingredienti rimanenti. Premere in uno stampo per muffin svizzero unto (stagno per muffin con gelatina) e conservare in frigorifero per 24 ore fino a quando non diventa solido. Tagliare a quadrati.

Frutta tritata e fibre

12 prima

100 g / 4 oz / 1 tazza di cioccolato fondente (semidolce).

50 g / 2 once / ¼ tazza di burro o margarina

15 ml / 1 cucchiaio di sciroppo d'oro (mais chiaro)

100 g / 4 oz / 1 tazza di frutta e cereali con fibre

Sciogliere il cioccolato in una ciotola resistente al calore sopra una pentola di acqua bollente. Crema al burro o margarina e sciroppo. Aggiungi i cereali. Versateli nelle scatole di carta per torte (carta per cupcake) e lasciateli raffreddare e indurire.

Torta a strati di torrone

Produce una torta da 900 g/2 libbre

15 g / ½ oz / 1 cucchiaio di gelatina in polvere

100 ml / 3½ fl oz / 6½ cucchiai di acqua

1 confezione di spugnette

225 g / 8 oz / 1 tazza di burro o margarina, ammorbidito

50 g / 2 oz / ¼ tazza di zucchero a velo (super fine)

400 g / 14 oz / 1 lattina grande di latte condensato

5 ml/1 cucchiaino di succo di limone

5 ml / 1 cucchiaino di essenza di vaniglia (estratto)

5 ml/1 cucchiaino di cremor tartaro

100 g / 4 oz / 2/3 tazza di frutta secca mista (mix per torta di frutta), tritata

Cospargi la gelatina sull'acqua in una piccola ciotola e metti la ciotola in una padella con acqua calda finché la gelatina non si sarà solidificata. Lascialo raffreddare un po'. Foderare una teglia da 900 g/2 libbre con un foglio di alluminio in modo che la pellicola copra la parte superiore della teglia, quindi posizionare metà dei biscotti sul fondo. Sbattere il burro o la margarina e lo zucchero fino ad ottenere una crema, quindi aggiungere tutti gli altri ingredienti. Versare nello stampo e adagiarvi sopra i biscotti rimasti. Coprire con un foglio di alluminio e posizionare sopra un peso. Raffreddare fino a quando diventa rigido.

Latte e noce moscata

20 fa

Per le basi:

225 g / 8 oz / 2 tazze di briciole di biscotti normali (biscotti)

30 ml/2 cucchiai di zucchero di canna morbido

2,5 ml/½ cucchiaino di noce moscata grattugiata

100 g / 4 oz / ½ tazza di burro o margarina, sciolto

Per il ripieno:

1,2 litri / 2 confezioni / 5 tazze di latte

25 g / 1 oz / 2 cucchiai di burro o margarina

2 uova, separate

225 g / 8 oz / 1 tazza di zucchero semolato (super fine)

100 g / 4 once / 1 tazza di mais (amido di mais)

50 g / 2 once / ½ tazza di farina semplice (per tutti gli usi)

5 ml/1 cucchiaino di lievito in polvere

Un pizzico di noce moscata grattugiata

noce moscata grattugiata per spolverare

Per preparare la base, mescolare i biscotti, lo zucchero e la noce moscata con il burro fuso o la margarina e pressarli sul fondo di una tortiera da 30 x 20 cm unta.

Per preparare il ripieno, portare a ebollizione 1 litro / 1¾ punti / 4¼ tazze di latte in una pentola capiente. Aggiungere il burro o la margarina. Sbattere i tuorli con il resto del latte. Aggiungere lo zucchero, l'amido di mais, la farina, il lievito e la noce moscata. Sbattere un po' del latte bollente nel composto di tuorli d'uovo fino a ottenere un composto omogeneo, quindi mescolare la pasta nel latte bollente, mescolando continuamente a fuoco basso, per alcuni minuti fino a quando non si sarà addensata. Togliere dal fuoco.

Montare l'albume a neve ferma, quindi incorporarlo al composto. Ripassare la base e spolverizzare con abbondante noce moscata. Lasciare raffreddare, raffreddare e affettare prima di servire.

muesli croccante

effettua circa 16 tratte

400 g / 14 oz / 3½ tazze di cioccolato fondente (semidolce).

45 ml / 3 cucchiai di sciroppo d'oro (mais chiaro)

25 g / 1 oz / 2 cucchiai di burro o margarina

Circa 225 g / 8 oz / 2/3 tazza di muesli

Sciogliere metà del cioccolato, dello sciroppo e del burro o della margarina. Aggiungere gradualmente abbastanza muesli per ottenere un composto consistente. Premere in una teglia swiss roll unta (teglia per gelatina). Sciogliere il resto del cioccolato e livellarlo sopra. Raffreddare in frigorifero prima di tagliare a quadrotti.

Quadrati di mousse all'arancia

20 fa

25 g / 1 oz / 2 cucchiai di gelatina in polvere

75 ml/5 cucchiai di acqua fredda

225 g / 8 oz / 2 tazze di briciole di biscotti normali (biscotti)

50 g / 2 once / ¼ tazza di burro o margarina, sciolto

400 g / 14 oz / 1 lattina grande di latte evaporato

150 g / 5 once / 2/3 tazza di zucchero a velo (superfino).

400 ml / 14 fl oz / 1¾ tazza di succo d'arancia

Panna montata e cioccolatini per la decorazione

In una ciotola spruzziamo la gelatina con l'acqua e mescoliamo fino a renderla soffice. Metti il piatto in una pentola con acqua tiepida e lascialo finché non si scioglie. Si raffredda leggermente. Mescolare la mollica di torta con il burro fuso e premere sul fondo e sui lati di una tortiera unta da 30 x 20 cm / 12 x 8. Sbattere il latte finché non si addensa, quindi aggiungere gradualmente lo zucchero. , seguito dalla gelatina sciolta e dal succo d'arancia. Versare sulla base e riporre in frigorifero fino a quando non sarà solido. Tagliare a quadrotti e decorare con panna montata e pane al cioccolato.

Quadrati alla nocciola

prima delle 18

225 g / 8 oz / 2 tazze di briciole di biscotti normali (biscotti)

100 g / 4 oz / ½ tazza di burro o margarina, sciolto

225 g / 8 oz / 1 tazza di burro di arachidi croccante

25 g / 1 oz / 2 cucchiai di ciliegie glassate (candite)

25 g / 1 oncia / 3 cucchiai di ribes

Mescolare tutti gli ingredienti finché non saranno ben amalgamati. Pressare in un forno unto da 25 cm e lasciar raffreddare fino a quando non diventa solido, quindi tagliare a quadrati.

Dolci alla menta

Ce ne sono 16

400 g / 14 oz / 1 lattina grande di latte condensato

600 ml / 1 pezzo / 2½ tazze di latte

30 ml/2 cucchiai di crema pasticciera

225 g / 8 oz / 2 tazze di briciole di cracker digestive (cracker Graham)

100 g / 4 oz / 1 tazza di cioccolato alla menta, tagliato a pezzetti

Metti il contenitore non aperto del latte condensato in una casseruola riempita con abbastanza acqua da coprire il contenitore. Portare a ebollizione, coprire e cuocere a fuoco lento per 3 ore, aggiungendo acqua bollente se necessario. Lasciare raffreddare, quindi aprire la teglia ed eliminare il caramello.

Scaldare 500 ml di latte caramellato, portare ad ebollizione e mescolare fino a scioglierlo. Mescolare la panna in polvere fino a formare una pasta con il latte rimasto, quindi aggiungerla nella padella e continuare a cuocere a fuoco basso finché non si sarà addensata, mescolando continuamente. Cospargere metà dei biscotti sbriciolati sulla base di una tortiera quadrata da 20 cm unta, quindi versare sopra metà della crema al caramello e irrorare con metà del cioccolato. Ripetere gli strati, quindi lasciare raffreddare. Raffreddare, quindi tagliare in porzioni per servire.

Crackers di riso

Ce ne sono 24

175 g / 6 oz / ½ tazza di miele leggero

225 g / 8 once / 1 tazza di zucchero semolato

60 ml / 4 cucchiai di acqua

350 g / 12 oz / 1 scatola di mix di riso soffiato

100 g / 4 oz / 1 tazza di nocciole tostate

Sciogliere il miele, lo zucchero e l'acqua in una pentola capiente e lasciare raffreddare per 5 minuti. Aggiungi muesli e arachidi. Formare delle palline, disporle in scatole di carta da biscotti (carta per cupcake) e lasciarle raffreddare e indurire.

Toffet di riso e cioccolato

Produce 225 g / 8 once

50 g / 2 once / ¼ tazza di burro o margarina

30 ml / 2 cucchiai di sciroppo d'oro (mais chiaro)

30 ml / 2 cucchiai di cacao in polvere (cioccolato non zuccherato)

60 ml / 4 cucchiai di zucchero a velo (super fine)

50 g / 2 once / ½ tazza di riso macinato

Sciogliere il burro e lo sciroppo. Aggiungete il cacao e lo zucchero fino a quando non saranno sciolti, quindi aggiungete il riso macinato. Portare a leggera ebollizione, abbassare la fiamma e cuocere a fuoco lento per 5 minuti, mescolando continuamente. Versare in una teglia quadrata da 20 cm unta e foderata (teglia) e lasciare raffreddare leggermente. Tagliatelo a quadrotti e lasciatelo raffreddare completamente prima di toglierlo dalla padella.

Pasta di mandorle

Foderare la parte superiore e i lati di una torta da 23 cm / 9 pollici

225 g / 8 once / 2 tazze di mandorle tritate

225 g / 8 once / 11/3 tazze di zucchero macinato (a pasticceria), setacciato

225 g / 8 oz / 1 tazza di zucchero semolato (super fine)

2 uova, leggermente sbattute

10 ml/2 cucchiaini di succo di limone

Qualche goccia di essenza di mandorla (estratto)

Versare le mandorle e lo zucchero. Amalgamare gradualmente i restanti ingredienti fino ad ottenere una pasta liscia. Avvolgere nella pellicola trasparente (involucro di plastica) e conservare in frigorifero prima dell'uso.

Pasta di mandorle senza zucchero

Foderare la parte superiore e i lati di una torta da 15 cm/6 pollici

100 g / 4 oz / 1 tazza di mandorle tritate

50 g / 2 once / ½ tazza di fruttosio

25 g / 1 oncia / ¼ tazza di mais (amido di mais)

1 uovo, leggermente sbattuto

Mescolare tutti gli ingredienti fino ad ottenere una pasta liscia. Avvolgere nella pellicola trasparente (involucro di plastica) e conservare in frigorifero prima dell'uso.

gelato reale

Foderare la parte superiore e i lati di una torta da 20 cm/8 pollici

5 ml/1 cucchiaino di succo di limone

2 uova

450 g / 1 libbra / 22/3 tazze di carne macinata (pasta) Zucchero setacciato

5 ml / 1 cucchiaino di glicerina (opzionale)

Sbattere insieme il succo di limone e gli albumi e aggiungere gradualmente lo zucchero a velo fino a quando la glassa (glassa) sarà liscia e bianca e ricoprirà il dorso di un cucchiaio. Qualche goccia di glicerina evita che la glassa diventi troppo croccante. Coprire con un panno umido e lasciare agire per 20 minuti in modo che le bolle d'aria salgano in superficie.

La glassa di questa consistenza può essere versata sulla torta e lisciata con un coltello immerso in acqua tiepida. Per le tubazioni, aggiungere zucchero a velo extra in modo che la glassa sia abbastanza solida da formare delle punte.

Glassa senza zucchero

Preparane abbastanza per coprire una torta di 15 cm / 6 pollici

50 g / 2 once / ½ tazza di fruttosio

un po' di sale

1 albume d'uovo

2,5 ml/½ cucchiaino di succo di limone

Lavorare il fruttosio in polvere in un robot da cucina fino a renderlo fine come lo zucchero semolato. Aggiungere il sale. Trasferire in una ciotola resistente al calore e aggiungere gli albumi e il succo di limone. Metti la ciotola sopra una pentola di acqua bollente e continua a sbattere fino a formare dei picchi rigidi. Togliere dal fuoco e mescolare finché non si raffredda.

gelato fondente

Preparane abbastanza per coprire una torta di 20 cm / 8 pollici

450 g / 1 lb / 2 tazze in polvere (super fine) o tritato

150 ml / ¼ pt / 2/3 tazza di acqua

15 ml/1 cucchiaio di glucosio liquido o 2,5 ml/½ cucchiaino di cremor tartaro

Sciogliere lo zucchero nell'acqua in una padella capiente a fuoco basso. Strofinare i lati della padella con una spazzola immersa in acqua fredda per evitare la formazione di cristalli. Sciogliere il cremor tartaro in poca acqua, quindi mantecare in padella. Portare a ebollizione e far bollire uniformemente a 115°C / 242°F quando un pezzo di gelato forma una palla liscia quando viene immerso nell'acqua fredda. Versare lentamente lo sciroppo in un contenitore resistente al calore e lasciare riposare finché non si forma una pellicina. Sbattere la glassa con un cucchiaio di legno finché non diventerà opaca e soda. Impastare fino ad omogeneizzare. Scaldare in una pirofila sopra una pentola con acqua calda per ammorbidirla, se necessario, prima dell'uso.

Glassa al burro

Preparane abbastanza per riempire e coprire una crostata da 8 pollici / 20 cm

100 g / 4 oz / ½ tazza di burro o margarina, ammorbidito

225 g / 8 once / 11/3 tazze di zucchero macinato (a pasticceria), setacciato

30 ml/2 cucchiai di latte

Sbattere il burro o la margarina fino a renderlo morbido. Aggiungere gradualmente lo zucchero a velo e il latte finché il composto non sarà ben amalgamato.

Glassa Di Burro Al Cioccolato

Preparane abbastanza per riempire e coprire una crostata da 8 pollici / 20 cm

30 ml / 2 cucchiai di cacao in polvere (cioccolato non zuccherato)

15 ml/1 cucchiaio di acqua bollente

100 g / 4 oz / ½ tazza di burro o margarina, ammorbidito

225 g / 8 once / 11/3 tazze di zucchero macinato (a pasticceria), setacciato

15 ml/1 cucchiaio di latte

Mescolare il cacao in una pasta con l'acqua bollente e lasciarlo raffreddare. Sbattere il burro o la margarina fino a renderlo morbido. Aggiungete gradualmente il composto di zucchero a velo, latte e cacao fino ad ottenere un composto ben amalgamato.

Glassa al burro al cioccolato bianco

Preparane abbastanza per riempire e coprire una crostata da 8 pollici / 20 cm

100 g / 4 oz / 1 tazza di cioccolato bianco

100 g / 4 oz / ½ tazza di burro o margarina, ammorbidito

225 g / 8 once / 11/3 tazze di zucchero macinato (a pasticceria), setacciato

15 ml/1 cucchiaio di latte

Sciogliere il cioccolato in una ciotola resistente al calore sopra una pentola di acqua bollente e lasciare raffreddare leggermente. Sbattere il burro o la margarina fino a renderlo morbido. Aggiungere gradualmente lo zucchero a velo, il latte e il cioccolato fino ad ottenere un composto ben amalgamato.

Glassa al burro al caffè

Preparane abbastanza per riempire e coprire una crostata da 8 pollici / 20 cm

100 g / 4 oz / ½ tazza di burro o margarina, ammorbidito

225 g / 8 once / 11/3 tazze di zucchero macinato (a pasticceria), setacciato

15 ml/1 cucchiaio di latte

15 ml / 1 cucchiaio di essenza di caffè (estratto)

Sbattere il burro o la margarina fino a renderlo morbido. Aggiungere gradualmente lo zucchero a velo, il latte e l'essenza di caffè fino ad ottenere un composto ben amalgamato.

Glassa di burro al limone

Preparane abbastanza per riempire e coprire una crostata da 8 pollici / 20 cm

100 g / 4 oz / ½ tazza di burro o margarina, ammorbidito

225 g / 8 once / 11/3 tazze di zucchero macinato (a pasticceria), setacciato

30 ml/2 cucchiai di succo di limone

buccia grattugiata di 1 limone

Sbattere il burro o la margarina fino a renderlo morbido. Unire gradualmente lo zucchero a velo, il succo di limone e la scorza fino ad ottenere un composto ben amalgamato.

Glassa di burro all'arancia

Preparane abbastanza per riempire e coprire una crostata da 8 pollici / 20 cm

100 g / 4 oz / ½ tazza di burro o margarina, ammorbidito

225 g / 8 once / 11/3 tazze di zucchero macinato (a pasticceria), setacciato

30 ml/2 cucchiai di succo d'arancia

buccia grattugiata di 1 arancia

Sbattere il burro o la margarina fino a renderlo morbido. Unire gradualmente lo zucchero a velo, il succo d'arancia e la scorza fino ad ottenere un composto ben amalgamato.

torta con arance e marsala

Prepara una torta da 23 cm / 9 pollici

175 g / 6 oz / 1 tazza di uva sultanina (uvetta dorata)

120 ml / 4 fl oz / ½ tazza di Marsala

175 g / 6 once / ¾ tazza di burro o margarina, ammorbidito

100 g / 4 oz / ½ tazza di zucchero di canna morbido

225 g / 8 oz / 1 tazza di zucchero semolato (super fine)

3 uova, leggermente sbattute

Buccia grattugiata finemente di 1 arancia

5 ml/1 cucchiaino di acqua di fiori d'arancio

275 g / 10 oz / 2½ tazze di farina semplice (per tutti gli usi)

10 ml/2 cucchiai di bicarbonato di sodio

un po' di sale

375 ml / 13 fl oz / 1 tazza e ½ di latticello

Glassa al liquore all'arancia

Mettere a bagno l'uvetta nel Marsala per una notte.

Mescolare il burro o la margarina e lo zucchero fino ad ottenere un composto chiaro e soffice. Sbattere lentamente le uova, quindi aggiungere la scorza d'arancia e l'acqua di fiori d'arancio. Aggiungete la farina, il bicarbonato e il sale alternandoli al latticello. Aggiungere l'uvetta salata e il Marsala. Versare in due tortiere imburrate da 23 cm/9 e cuocere in forno preriscaldato a 180°C/350°F/gas mark 4 per 35 minuti, finché non sarà elastico al tatto e inizierà a solidificarsi sui lati. Lasciare raffreddare negli stampini per 10 minuti prima di trasferirli su una gratella a raffreddare.

Spennellare la torta con metà della glassa al liquore all'arancia, quindi spalmare sopra la restante glassa.

Torta di pesche e pere

Prepara una torta da 23 cm / 9 pollici

175 g / 6 once / ¾ tazza di burro o margarina, ammorbidito

150 g / 5 once / 2/3 tazza di zucchero a velo (superfino).

2 uova, leggermente sbattute

75 g / 3 once / ¾ tazza di farina integrale (grano Vanz)

75 g / 3 once / ¾ tazza di farina semplice (per tutti gli usi)

10 ml / 2 cucchiaini di lievito in polvere

15 ml/1 cucchiaio di latte

2 pesche, tagliate, sbucciate e tritate

2 pere, sbucciate, senza torsolo e tritate

30 ml/2 cucchiai di zucchero a velo (zucchero dolce), setacciato

Mescolare il burro o la margarina e lo zucchero fino ad ottenere un composto chiaro e soffice. Sbattere lentamente le uova, poi aggiungere la farina e il lievito, aggiungere il latte per dare al composto una consistenza liquida. Aggiungere pesche e pere. Versare il composto in una tortiera da 23 cm/9" unta e foderata e cuocere in forno preriscaldato a 190°C/375°F/Gas mark 5 per 1 ora fino a quando sarà ben lievitato ed elastico al tatto per Finish 10 minuti prima di trasferirlo nella una griglia per raffreddare Cospargere con zucchero a velo prima di servire.

torta umida all'ananas

Prepara una torta da 20 cm / 8 pollici

100 g / 4 once / ½ tazza di burro o margarina

350 g / 12 oz / 2 tazze di frutta secca mista (mix per torta di frutta)

225 g / 8 once / 1 tazza di zucchero di canna morbido

5 ml / 1 cucchiaino di mix di spezie macinate (torta di mele)

5 ml / 1 cucchiaino di bicarbonato di sodio (bicarbonato di sodio)

425 g / 15 oz / 1 lattina grande di ananas tritato non zuccherato, sgocciolato

225 g / 8 oz / 2 tazze di farina autolievitante (lievito)

2 uova sbattute

Mettete tutti gli ingredienti tranne la farina e le uova in una padella, fate scaldare dolcemente e mescolate bene. Cuocere continuamente per 3 minuti, quindi lasciare raffreddare completamente il composto. Aggiungete la farina e poi aggiungete gradualmente le uova. Versare il composto in una tortiera da 20 cm unta e foderata e cuocere in forno preriscaldato a 180°C/350°F/gas mark 4 per 1½ – 1¾ ore finché non sarà ben lievitato e si sarà indurito al tatto. Lasciare raffreddare. . lattina .

Torta ai fiori di ciliegio e ananas

Prepara una torta da 20 cm / 8 pollici

100 g / 4 oz / ½ tazza di burro o margarina, ammorbidito

100 g / 4 oz / 1 tazza di zucchero a velo (super fine)

2 uova sbattute

225 g / 8 oz / 2 tazze di farina autolievitante (lievito)

2,5 ml/½ cucchiaino di lievito in polvere

2,5 ml / ½ cucchiaino di cannella in polvere

175 g / 6 oz / 1 tazza di uva sultanina (uvetta dorata)

25 g / 1 oz / 2 cucchiai di ciliegie glassate (candite)

400 g / 14 oz / 1 lattina grande di ananas, scolato e tagliato a pezzi

30 ml / 2 cucchiai di cognac o rum

Zucchero a velo (dolce), setacciato fino a renderlo polveroso

Mescolare il burro o la margarina e lo zucchero fino ad ottenere un composto chiaro e soffice. Sbattere lentamente le uova, poi aggiungere la farina, il lievito e la cannella. Aggiungere con attenzione gli ingredienti rimanenti. Versare il composto in una teglia da 20 cm unta e foderata (teglia) e cuocere in forno preriscaldato a 160°C/325°F/gas livello 3 per 1 ora e mezza finché uno stecchino inserito esce pulito al centro dello stampo. vassoio..esce pulito.Far raffreddare e servire spolverato di zucchero a velo.

Torta di Natale con ananas

Prepara una torta da 23 cm / 9 pollici

50 g / 2 once / ¼ tazza di burro o margarina

100 g / 4 oz / ½ tazza di zucchero semolato (super fine)

1 uovo, leggermente sbattuto

150 g / 5 oz / 1¼ tazze di farina (lievito)

un po' di sale

120 ml / 4 fl oz / ½ tazza di latte

Per il condimento:

4 once/100 g di ananas fresco o in scatola, grattugiato grossolanamente

1 mela da tavola (da dessert), sbucciata, senza torsolo e grattugiata grossolanamente

120 ml / 4 fl oz / ½ tazza di succo d'arancia

15 ml/1 cucchiaio di succo di limone

100 g / 4 oz / ½ tazza di zucchero semolato (super fine)

5 ml/1 cucchiaino di cannella in polvere

Sciogliere il burro o la margarina, quindi aggiungere lo zucchero e l'uovo fino a ottenere un composto schiumoso. Aggiungere la farina e il sale alternativamente al latte per formare un impasto. Versare in una tortiera da 23 cm/9" unta e foderata e cuocere in forno preriscaldato a 180°C/350°F/gas mark 4 per 25 minuti fino a quando non saranno dorati e pieni di bolle.

Cuocere tutti gli ingredienti per la copertura e lasciar bollire per 10 minuti. Versare sulla griglia calda e grigliare (friggere) fino a quando l'ananas inizia a dorarsi. Lasciare raffreddare prima di servire caldo o freddo.

ananas sottosopra

Prepara una torta da 20 cm / 8 pollici

175 g / 6 once / ¾ tazza di burro o margarina, ammorbidito

175 g / 6 once / ¾ tazza di zucchero di canna morbido

400 g / 14 oz / 1 lattina grande di fette di ananas, sgocciolate e messe da parte il succo

4 ciliegie glassate (candite), tagliate a metà

2 uova

100 g / 4 oz / 1 tazza di farina autolievitante

Sbattere 75 g / 3 oz / 1/3 tazza di burro o margarina con 75 g / 3 oz / 1/3 tazza di zucchero fino a ottenere un composto chiaro e soffice e distribuirlo sul fondo di una tortiera unta da 20 cm / 8 pollici (tagaie). Disporre sopra le fette di ananas e cospargere le ciliegie con la parte arrotondata rivolta verso il basso. Mescolare il resto del burro o della margarina con lo zucchero, quindi aggiungere gradualmente le uova alla farina e 30 ml/2 cucchiai di succo d'ananas messo da parte, l'ananas sopra mettere l'ananas e infornare. in forno preriscaldato a 180°C/gas mark 4 per 45 minuti fino a quando sarà sodo al tatto. Lasciare raffreddare nello stampo per 5 minuti, quindi togliere con attenzione dallo stampo e accendere la griglia.

Torta con ananas e noci

Prepara una torta da 23 cm / 9 pollici

225 g / 8 oz / 1 tazza di burro o margarina, ammorbidito

225 g / 8 oz / 1 tazza di zucchero semolato (super fine)

5 uova

350 g / 12 once / 3 tazze di farina semplice (per tutti gli usi)

100 g / 4 oz / 1 tazza di noci, tritate finemente

100 g / 4 oz / 2/3 tazza di ananas glassato (candito), tritato

Un po' di latte

Mescolare il burro o la margarina e lo zucchero fino ad ottenere un composto chiaro e soffice. Sbattere poco a poco le uova, quindi unire la farina, le noci e l'ananas, aggiungendo solo il latte fino ad ottenere una consistenza fluida. Disporre in una tortiera da 23 cm unta di burro e cuocere in forno preriscaldato a 150 °C/gas mark 2 per 1 ora e mezza finché uno stecchino infilato al centro non esce pulito.

Torta di lamponi

Prepara una torta da 20 cm / 8 pollici

100 g / 4 oz / ½ tazza di burro o margarina, ammorbidito

200 g / 7 once / poco meno di 1 tazza di zucchero semolato (superfino).

2 uova, leggermente sbattute

250 ml / 8 fl oz / 1 tazza di panna (latte acido)

5 ml / 1 cucchiaino di essenza di vaniglia (estratto)

250 g / 9 once / 2¼ tazze di farina semplice (per tutti gli usi)

5 ml/1 cucchiaino di lievito in polvere

5 ml / 1 cucchiaino di bicarbonato di sodio (bicarbonato di sodio)

5 ml / 1 cucchiaino di cacao in polvere (cioccolato non zuccherato)

2,5 ml / ½ cucchiaino di sale

4 once/100 g di lamponi freschi o congelati, scongelati

Per il condimento:
30 ml / 2 cucchiai di zucchero a velo (super fine)

5 ml/1 cucchiaino di cannella in polvere

Crema di burro o margarina e zucchero. Aggiungere gradualmente le uova, poi la panna e l'essenza di vaniglia. Aggiungere la farina, il lievito, il lievito, il cacao e il sale. Aggiungere i lamponi. Versare in una tortiera da 20 cm imburrata. Mescolare lo zucchero e la cannella e cospargerli sulla torta. Cuocere in forno preriscaldato a 200 °C/400 °F/segno 4 per 35 minuti finché non diventa dorato e uno stecchino infilato al centro esce pulito. Trasferire lo zucchero mescolato con la cannella.

Tortino al Rabarbaro

Prepara una torta da 20 cm / 8 pollici

225 g / 8 oz / 2 tazze di farina integrale (frumento Vanz)

10 ml / 2 cucchiaini di lievito in polvere

10 ml/2 cucchiai di cannella in polvere

45 ml / 3 cucchiai di miele chiaro

175 g / 6 oz / 1 tazza di uva sultanina (uvetta dorata)

2 uova

150 ml / ¼ pt / 2/3 tazza di latte

8 once/225 g di rabarbaro, tritato

30 ml/2 cucchiai di zucchero demerara

Mescolare tutti gli ingredienti tranne lo zucchero e il rabarbaro. Mettete il rabarbaro in una teglia da 20 cm unta di farina. Trasferisci lo zucchero. Cuocere in forno preriscaldato a 180°C/350°F/gas mark 4 per 45 minuti fino a cottura. Lasciare raffreddare nello stampo per 10 minuti prima di togliere dallo stampo.

Rabarbaro e pan di zenzero

Prepara due torte da 450 g/1 libbra

250 g / 9 oz / 2/3 tazza di miele leggero

120 ml / 4 fl oz / ½ tazza di olio

1 uovo, leggermente sbattuto

15 ml/1 cucchiaio di bicarbonato di sodio

150 ml / ¼ pt / 2/3 tazza di yogurt bianco

75 ml / 5 cucchiai di acqua

350 g / 12 once / 3 tazze di farina semplice (per tutti gli usi)

10 ml / 2 cucchiaini di sale

350 g / 12 oz rabarbaro, tritato finemente

5 ml / 1 cucchiaino di essenza di vaniglia (estratto)

50 g / 2 oz / ½ tazza di noci miste tritate

Per il condimento:

75 g / 3 once / 1/3 tazza di zucchero di canna morbido

5 ml/1 cucchiaino di cannella in polvere

15 ml/1 cucchiaio di burro o margarina, sciolto

Mescolare il miele e l'olio, quindi sbattere l'uovo. Mescolare il lievito con lo yogurt e l'acqua finché non si scioglie. Mescolare la farina e il sale e aggiungere il composto di miele alternandolo allo yogurt. Aggiungere il rabarbaro, l'essenza di vaniglia e le noci. Versare in due stampi da 450 g/1 libbra unti e foderati (stampo per muffin). Mescolare gli ingredienti per la copertura e cospargerli sulla torta. Cuocere in forno preriscaldato a 160°C/325°F/gas mark 3 per 1 ora finché non saranno sodi e dorati in superficie. Lasciare raffreddare negli stampini per 10 minuti, quindi trasferire su una gratella a raffreddare.

Torta alla barbabietola

Prepara una torta da 20 cm / 8 pollici

250 g / 9 once / 1 tazza e ¼ di farina semplice (per tutti gli usi)

15 ml/1 cucchiaio di lievito in polvere

5 ml/1 cucchiaino di cannella in polvere

un po' di sale

150 ml / 8 fl oz / 1 tazza di olio

300 g / 11 oz / 11/3 tazze di zucchero a velo (super fine)

3 uova, separate

150 g / 5 oz barbabietola cruda, sbucciata e grattugiata grossolanamente

150 g / 5 once di carote, grattugiate grossolanamente

100 g / 4 oz / 1 tazza di noci miste tritate

Mescolare la farina, il lievito, la cannella e il sale. Versare olio e zucchero. Sbattere i tuorli, le barbabietole, le carote e le noci. Montare gli albumi a neve ferma, quindi incorporarli con un cucchiaio di metallo. Versare il composto in una tortiera da 20 cm unta e foderata e cuocere in forno preriscaldato a 180°C/350°F/gas mark 4 per 1 ora finché non diventa elastico al tatto.

Torta di carote e banane

Prepara una torta da 20 cm / 8 pollici

175 g / 6 once di carote, grattugiate

2 banane, schiacciate

75 g / 3 once / ½ tazza di uva sultanina (uvetta dorata)

50 g / 2 oz / ½ tazza di noci miste tritate

175 g / 6 once / 1 tazza e ½ di farina autolievitante

5 ml/1 cucchiaino di lievito in polvere

5 ml / 1 cucchiaino di mix di spezie macinate (torta di mele)

Succo e buccia di 1 arancia

2 uova sbattute

75 g / 3 once / 1/2 tazza di zucchero di canna chiaro

100 ml / 31/2 fl oz / poco meno di 1/2 tazza di olio di semi di girasole

Mescolare tutti gli ingredienti finché non saranno ben amalgamati. Disporre in una teglia da crostata da 20 cm unta e foderata e cuocere in forno preriscaldato a 180 °C/gas mark 4 per 1 ora finché uno stecchino inserito al centro non esce pulito.

Torta con carote e mele

Prepara una torta da 23 cm / 9 pollici

250 g / 9 oz / 2¼ tazze di farina autolievitante (lievito)

5 ml / 1 cucchiaino di bicarbonato di sodio (bicarbonato di sodio)

5 ml/1 cucchiaino di cannella in polvere

175 g / 6 once / ¾ tazza di zucchero di canna morbido

Buccia grattugiata finemente di 1 arancia

3 uova

200 ml/quasi 1 tazza di olio

150 g / 5 oz di mele da tavola (dessert), sbucciate, senza torsolo e grattugiate

150 g / 5 once di carote grattugiate

100 g / 4 oz / 2/3 tazza di albicocche già secche, tritate

100 g / 4 oz / 1 tazza di noci pecan o noci tritate

Mescolare la farina, il bicarbonato e la cannella, quindi aggiungere lo zucchero e la scorza d'arancia. Versare le uova nell'olio, quindi aggiungere la mela, le carote e due terzi delle albicocche e delle noci. Versare l'impasto in una tortiera da 9 pollici unta e foderata. Cospargere il resto delle albicocche e delle noci tritate. Cuocere in forno preriscaldato a 180°C/350°F/gas mark 4 per 30 minuti finché non sarà elastico al tatto. Lasciare raffreddare un po' nella teglia, quindi disporre su una griglia per completare il raffreddamento.

Torta di carote e cannella

Prepara una torta da 20 cm / 8 pollici

100 g / 4 oz / 1 tazza di farina integrale (grano Vanz)

100 g / 4 once / 1 tazza di farina semplice (per tutti gli usi)

15 ml/1 cucchiaio di cannella in polvere

5 ml/1 cucchiaino di noce moscata grattugiata

10 ml / 2 cucchiaini di lievito in polvere

100 g / 4 once / ½ tazza di burro o margarina

100 g / 4 oz / 1/3 tazza di miele leggero

100 g / 4 oz / ½ tazza di zucchero di canna morbido

225 g / 8 once di carote grattugiate

Mescolare in una ciotola la farina, la cannella, la noce moscata e il lievito. Sciogliere il burro o la margarina con miele e zucchero, quindi mescolare con la farina. Aggiungere le carote e mescolare bene. Disporre in una tortiera (teglia) da 20 cm unta e illuminata e cuocere in forno preriscaldato a 160°C/325°F/gas mark 3 per 1 ora fino a quando uno specchio inserito al centro risulta pulito. Lasciare raffreddare nello stampo per 10 minuti, quindi trasferire su una gratella a raffreddare.

Torta con carote e zucca

Prepara una torta da 23 cm / 9 pollici

2 uova

175 g / 6 once / ¾ tazza di zucchero di canna morbido

100 g di carote grattugiate

50 g / 2 once di zucca (zucchine), grattugiata

75 ml/5 cucchiai di olio

225 g / 8 oz / 2 tazze di farina autolievitante (lievito)

2,5 ml/½ cucchiaino di lievito in polvere

5 ml / 1 cucchiaino di mix di spezie macinate (torta di mele)

Glassa di formaggio cremoso

Mescolare le uova, lo zucchero, le carote, le zucchine e l'olio. Aggiungere la farina, il lievito e il mix di spezie e mescolare fino ad ottenere un composto omogeneo. Disporre in una teglia foderata da 23 cm (teglia) e cuocere in forno preriscaldato a 180 °C/350 °F/gas livello 4 per 30 minuti finché uno stecchino inserito al centro non esce pulito. Raffreddare e spalmare con glassa di crema di formaggio.

Torta di carote e zenzero

Prepara una torta da 20 cm / 8 pollici

175 g / 6 once / 2/3 tazza di burro o margarina

100 g / 4 oz / 1/3 tazza di sciroppo d'oro (mais chiaro)

120 ml / 4 fl oz / ½ tazza di acqua

100 g / 4 oz / ½ tazza di zucchero di canna morbido

150 g / 5 once di carote, grattugiate grossolanamente

5 ml / 1 cucchiaino di bicarbonato di sodio (bicarbonato di sodio)

200 g / 7 oz / 1 tazza e ¾ di farina semplice (per tutti gli usi)

100 g / 4 oz / 1 tazza di farina autolievitante

5 ml/1 cucchiaino di zenzero macinato

un po' di sale

Per la glassa (glassa):

175 g / 6 oz / 1 tazza di zucchero semolato, setacciato

5 ml / 1 cucchiaino di burro o margarina, morbido

30 ml/2 cucchiai di succo di limone

Sciogliere il burro o la margarina con lo sciroppo, l'acqua e lo zucchero e portare a ebollizione. Togliere dal fuoco e aggiungere le carote e il lievito. Lasciarlo raffreddare. Mescolare la farina, lo zenzero e il sale, versare in una tortiera da 20 cm unta e cuocere in forno preriscaldato a 180°C/gas mark 4 per 45 minuti finché non sarà ben lievitato ed elastico al tatto. Spegnete e lasciate raffreddare.

Mescolare un po' di zucchero con burro o margarina e abbastanza succo di limone per ottenere una glassa spalmabile. Tagliate la torta a metà orizzontalmente, poi usate metà della glassa per spalmare la torta e spalmate il resto sopra.

Torta con carote e noci

Prepara una torta da 18 cm / 7 pollici

2 uova grandi, separate

150 g / 5 once / 2/3 tazza di zucchero a velo (superfino).

225 g / 8 once di carote grattugiate

150 g / 5 oz / 1 tazza e ¼ di noci miste tritate

10 ml/2 cucchiai di scorza di limone grattugiata

50 g / 2 once / ½ tazza di farina semplice (per tutti gli usi)

2,5 ml/½ cucchiaino di lievito in polvere

Sbattere i tuorli e lo zucchero fino ad ottenere un composto denso e cremoso. Aggiungete le carote, le noci e la scorza di limone, poi aggiungete la farina e il lievito. Sbattere gli albumi fino a formare delle punte morbide, quindi incorporarli al composto. Versare in una teglia quadrata da 19 cm imburrata. Cuocere in forno preriscaldato a 180°C/gas mark 4 per 40-45 minuti finché uno stecchino infilato al centro esce pulito.

Torta con carote, arance e noci

Prepara una torta da 20 cm / 8 pollici

100 g / 4 oz / ½ tazza di burro o margarina, ammorbidito

100 g / 4 oz / ½ tazza di zucchero di canna morbido

5 ml/1 cucchiaino di cannella in polvere

5 ml/1 cucchiaino di scorza d'arancia grattugiata

2 uova, leggermente sbattute

15 ml/1 cucchiaio di succo d'arancia

100 g / 4 once di carote, grattugiate finemente

50 g / 2 oz / ½ tazza di noci miste tritate

225 g / 8 oz / 2 tazze di farina autolievitante (lievito)

5 ml/1 cucchiaino di lievito in polvere

Mescolare il burro o la margarina, lo zucchero, la cannella e la scorza d'arancia fino ad ottenere un composto chiaro e soffice. Aggiungere gradualmente le uova e il succo d'arancia, poi le carote, le noci, la farina e il lievito. Versare in una tortiera da 20 cm unta e foderata (la teglia) e cuocere in forno preriscaldato a 180°C/350°F/gas mark 4 per 45 minuti fino a quando non sarà morbida al tatto.

Torta di carote, ananas e cocco

Prepara una torta da 25 cm / 10 pollici

3 uova

350 g / 12 oz / 1 tazza e ½ di zucchero semolato (super fine)

300 ml / ½ pt / 1¼ tazza di olio

5 ml / 1 cucchiaino di essenza di vaniglia (estratto)

225 g / 8 once / 2 tazze di farina semplice (per tutti gli usi)

5 ml / 1 cucchiaino di bicarbonato di sodio (bicarbonato di sodio)

10 ml/2 cucchiai di cannella in polvere

5 ml/1 cucchiaino di sale

225 g / 8 once di carote grattugiate

Barattolo da 100 g/4 once di ananas, scolato e schiacciato

100 g / 4 oz / 1 tazza di cocco essiccato (tritato)

100 g / 4 oz / 1 tazza di noci miste tritate

Zucchero per gelato (pasticceria), setacciato, fino a ridurlo in polvere

Sbattere le uova, lo zucchero, l'olio e l'essenza di vaniglia. Mescolare la farina, il bicarbonato, la cannella e il sale e aggiungerli gradualmente al composto. Aggiungere carote, ananas, cocco e noci. Disporre in una tortiera da 25 cm unta e infarinata e cuocere in forno preriscaldato a 160°C/325°F/gas mark 3 per 1 ora e ¼ finché uno stecchino inserito al centro non esce pulito. Lasciare raffreddare la teglia per 10 minuti. prima di trasferirlo su una gratella fino a spolverarlo con zucchero a velo prima di servire.

Torta di carote e pistacchio

Prepara una torta da 23 cm / 9 pollici

100 g / 4 oz / ½ tazza di burro o margarina, ammorbidito

100 g / 4 oz / ½ tazza di zucchero semolato (super fine)

2 uova

225 g / 8 once / 2 tazze di farina semplice (per tutti gli usi)

5 ml / 1 cucchiaino di bicarbonato di sodio (bicarbonato di sodio)

5 ml/1 cucchiaino di cardamomo macinato

225 g / 8 once di carote grattugiate

50 g / 2 oz / ½ tazza di pistacchi, tritati

50 g / 2 once / ½ tazza di mandorle tritate

100 g / 4 oz / 2/3 tazza di uva sultanina (uvetta dorata)

Mescolare il burro o la margarina e lo zucchero fino ad ottenere un composto chiaro e soffice. Sbattere gradualmente le uova, sbattendo bene dopo ogni aggiunta, quindi aggiungere la farina, il bicarbonato e il cardamomo. Aggiungere le carote, le noci, le mandorle tritate e l'uvetta. Versare il composto in una tortiera da 23 cm unta e foderata e cuocere in forno preriscaldato a 180°C/350°F/Gas Mark 4 per 40 minuti, finché non sarà cotto, dorato e sodo al tatto.

Torta con carote e noci

Prepara una torta da 23 cm / 9 pollici

200 ml/quasi 1 tazza di olio

4 uova

225 g / 8 oz / 2/3 tazza di miele leggero

225 g / 8 oz / 2 tazze di farina integrale (frumento Vanz)

10 ml / 2 cucchiaini di lievito in polvere

2,5 ml/½ cucchiaino di bicarbonato di sodio

un po' di sale

5 ml / 1 cucchiaino di essenza di vaniglia (estratto)

175 g / 6 once di carote, grattugiate grossolanamente

175 g / 6 once / 1 tazza di uvetta

100 g / 4 oz / 1 tazza di noci, tritate finemente

Mescolare l'olio, l'uovo e il miele. Unire gradualmente tutti gli altri ingredienti e sbattere fino ad ottenere un composto ben amalgamato. Disporre in una tortiera unta e unta (forma) e cuocere in forno preriscaldato a 180 °C/gas 4 per 1 ora finché uno stecchino infilato al centro non esce pulito.

Torta di carote speziata

Prepara una torta da 18 cm / 7 pollici

175 g / 6 once / 1 tazza di datteri

120 ml / 4 fl oz / ½ tazza di acqua

175 g / 6 once / ¾ tazza di burro o margarina, ammorbidito

2 uova, leggermente sbattute

225 g / 8 oz / 2 tazze di farina autolievitante (lievito)

175 g / 6 once di carote, grattugiate finemente

25 g / 1 oz / ¼ tazza di mandorle tritate

buccia grattugiata di 1 arancia

2,5 ml / ½ cucchiaino di miscela di spezie macinate (torta di mele)

2,5 ml / ½ cucchiaino di cannella in polvere

2,5 ml/½ cucchiaino di zenzero macinato

                    Per la glassa (glassa):

350 g / 12 once / 1 tazza e ½ di ricotta

25 g / 1 oz / 2 cucchiai di burro o margarina, ammorbidito

buccia grattugiata di 1 arancia

Mettete i datteri e l'acqua in un pentolino, portate ad ebollizione e fate cuocere per 10 minuti fino a quando saranno morbidi. Rimuovere il nocciolo e scartarlo, quindi tritare finemente i datteri. Mescolare i datteri con il liquido, il burro o la margarina e le uova fino a renderli cremosi. Aggiungi tutti gli ingredienti rimanenti della torta. Versare il composto in una tortiera da 18 cm unta e foderata (stampo per muffin) e cuocere in forno preriscaldato a 180°C / 350°F / gas livello 4 per 1 ora finché uno stecchino inserito al centro esce pulito. pulito. Lasciare raffreddare nello stampo per 10 minuti prima di trasferirlo su una gratella a raffreddare.

Per preparare la glassa, frullare tutti gli ingredienti fino ad ottenere un composto omogeneo, aggiungendo se necessario un po' di succo d'arancia o acqua. Tagliare la torta a metà in senso orizzontale, spalmare gli strati con metà della glassa e spalmare sopra la restante parte.

Torta con carote e zucchero di canna

Prepara una torta da 18 cm / 7 pollici

5 uova, separate

200 g / 7 once / poco meno di 1 tazza di zucchero di canna morbido

15 ml/1 cucchiaio di succo di limone

300 g / 10 once di carote grattugiate

225 g / 8 once / 2 tazze di mandorle tritate

25 g / 1 oz / ¼ tazza di farina integrale (grano Vanz)

5 ml/1 cucchiaino di cannella in polvere

25 g / 1 oz / 2 cucchiai di burro o margarina, sciolto

25 g / 1 oncia / 2 cucchiai. zucchero (superfino)

30 ml / 2 cucchiai di panna singola (light)

75 g / 3 once / ¾ tazza di noci miste tritate

Sbattere i tuorli fino a renderli spumosi, sbattere lo zucchero fino ad ottenere un composto omogeneo, quindi sbattere il succo di limone. Aggiungete un terzo delle carote, poi un terzo delle mandorle e continuate fino ad omogeneizzare il tutto. Aggiungere la farina e la cannella. Sbattere l'albume a neve ferma, quindi incorporarlo al composto con un cucchiaio di metallo. Versare in una tortiera (teglia) alta 7 cm unta e foderata e cuocere in forno preriscaldato a 180°C/gas mark 4 per 1 ora. Coprire la torta senza stringere con carta oleata e abbassare la temperatura del forno a 160°C/325°F/Gas Mark 3 per altri 15 minuti o fino a quando la torta si restringe leggermente dai lati dello stampo e il centro è ancora umido....

Unire il burro fuso o la margarina, lo zucchero, la panna e le noci, versare sulla torta e cuocere su una griglia media (griglia) fino a doratura.

Torta di zucca e midollo

Prepara una torta da 20 cm / 8 pollici

225 g / 8 oz / 1 tazza di zucchero semolato (super fine)

2 uova sbattute

120 ml / 4 fl oz / ½ tazza di olio

100 g / 4 once / 1 tazza di farina semplice (per tutti gli usi)

5 ml/1 cucchiaino di lievito in polvere

2,5 ml/½ cucchiaino di bicarbonato di sodio

2,5 ml / ½ cucchiaino di sale

100 g / 4 once di zucca (zucchine), grattugiata

100 g / 4 oz di ananas tritato

50 g / 2 oz / ½ tazza di noci, tritate

5 ml / 1 cucchiaino di essenza di vaniglia (estratto)

Sbattere lo zucchero e le uova fino ad ottenere un composto chiaro e ben amalgamato. Aggiungere l'olio e poi gli ingredienti secchi. Aggiungere le zucchine, l'ananas, le noci e l'essenza di vaniglia. Disporre in una tortiera unta e unta (forma) e cuocere in forno preriscaldato a 180 °C/gas 4 per 1 ora finché uno stecchino infilato al centro non esce pulito. Lasciare raffreddare nello stampo per 30 minuti prima di trasferirlo su una gratella a raffreddare.

Torta di zucca e arancia

Prepara una torta da 25 cm / 10 pollici

225 g / 8 oz / 1 tazza di burro o margarina, ammorbidito

450 g / 1 libbra / 2 tazze di zucchero di canna morbido

4 uova, leggermente sbattute

275 g / 10 oz / 2½ tazze di farina semplice (per tutti gli usi)

15 ml/1 cucchiaio di lievito in polvere

2,5 ml / ½ cucchiaino di sale

5 ml/1 cucchiaino di cannella in polvere

2,5 ml/½ cucchiaino di noce moscata grattugiata

Un pizzico di chiodi di garofano macinati

Buccia grattugiata e succo di 1 arancia

225 g / 8 once / 2 tazze di zucca (zucca), grattugiata

Mescolare il burro o la margarina e lo zucchero fino ad ottenere un composto chiaro e soffice. Sbattere poco a poco le uova, quindi aggiungere la farina, il lievito, il sale e le spezie alternandole con la buccia e il succo d'arancia. Aggiungere le zucchine. Versare in una tortiera da 25 cm/10" unta e foderata e cuocere in forno preriscaldato a 180°C/350°F/Gas Mark 4 per 1 ora fino a quando sarà dorata ed elastica al tatto. Se la parte superiore inizia a cadere, rosolare troppo verso fine cottura, coprirlo con carta oleata.

Torta Di Zucca Piccante

Prepara una torta da 25 cm / 10 pollici

350 g / 12 once / 3 tazze di farina semplice (per tutti gli usi)

10 ml / 2 cucchiaini di lievito in polvere

7,5 ml/1 cucchiaino e mezzo di cannella in polvere

5 ml / 1 cucchiaino di bicarbonato di sodio (bicarbonato di sodio)

2,5 ml / ½ cucchiaino di sale

8 uova

450 g / 1 lb / 2 tazze di zucchero semolato (super fine)

100 g / 4 oz / 1 tazza di salsa di mele (salsa)

120 ml / ½ tazza di latticello

15 ml / 1 cucchiaio di essenza di vaniglia (estratto)

5 ml/1 cucchiaino di scorza d'arancia grattugiata finemente

350 g / 12 once / 3 tazze di zucchine, grattugiate

75 g / 3 once / ¾ tazza di noci, tritate

Per il condimento:

100 g / 4 once / ½ tazza di formaggio cremoso

25 g / 1 oz / 2 cucchiai di burro o margarina, ammorbidito

5 ml/1 cucchiaino di scorza d'arancia grattugiata finemente

10 ml/2 cucchiai di succo d'arancia

350 g / 12 oz / 2 tazze di zucchero semolato, setacciato

Mescolare gli ingredienti secchi. Sbattere gli albumi fino a formare delle punte morbide. Aggiungere gradualmente lo zucchero, poi le mele, il latticello, l'essenza di vaniglia e la scorza d'arancia. Aggiungere il composto di farina, poi le zucche e le noci. Disporre in una tortiera da 25 cm imburrata e unta e cuocere in forno preriscaldato a 150°C/300°F/Gas 2 per 1 ora finché uno stecchino inserito al centro non esce pulito. Lasciare raffreddare nello stampo. ..

Sbattere tutti gli ingredienti per la copertura fino a ottenere un composto omogeneo, aggiungendo zucchero quanto basta per ottenere una consistenza spalmabile. Distribuirlo sulla torta raffreddata.

Torta alla zucca

Prepara una torta da 23 x 33 cm / 9 x 13 pollici

450 g / 1 lb / 2 tazze di zucchero semolato (super fine)

4 uova sbattute

375 ml / 13 fl oz / 1 tazza e ½ di olio

350 g / 12 once / 3 tazze di farina semplice (per tutti gli usi)

15 ml/1 cucchiaio di lievito in polvere

10 ml/2 cucchiai di bicarbonato di sodio

10 ml/2 cucchiai di cannella in polvere

2,5 ml/½ cucchiaino di zenzero macinato

un po' di sale

225 g / 8 oz di fette di zucca cotte

100 g / 4 oz / 1 tazza di noci, tritate

Sbattere lo zucchero e le uova fino ad ottenere un composto ben amalgamato, quindi aggiungere l'olio. Mescolare gli ingredienti rimanenti. Disporre in una teglia da 23 x 33 cm / 9 x 13 once e foderarla con farina (forma) e cuocere in forno preriscaldato a 180 °C / 350 °F / gas livello 4 per 1 ora finché non si forma lo spiedo inserito. fuori pulito. centro pulito.

Torta di zucca con frutta

Prepara una torta da 20 cm / 8 pollici

100 g / 4 oz / ½ tazza di burro o margarina, ammorbidito

150 g / 5 once / 2/3 tazza di zucchero di canna morbido

2 uova, leggermente sbattute

225 g / 8 oz di zucca bollita fredda

30 ml / 2 cucchiai di sciroppo d'oro (mais chiaro)

8 oz / 225 g 1/1/3 tazza di frutta secca mista (miscela per torta di frutta)

225 g / 8 oz / 2 tazze di farina autolievitante (lievito)

50 g / 2 once / ½ tazza di crusca

Mescolare il burro o la margarina e lo zucchero fino ad ottenere un composto chiaro e soffice. Aggiungete lentamente le uova e poi aggiungete il resto degli ingredienti. Disporre in una teglia da 20 cm unta e foderata (teglia) e cuocere in forno preriscaldato a 160°C/325°F/gas livello 3 per 1 ora e ¼ finché uno stecchino inserito al centro risulta pulito.

Rotolo di spezie alla zucca

Realizzare un foglio di 30 cm / 12 pollici. rotolamento

75 g / 3 once / ¾ tazza di farina semplice (per tutti gli usi)

5 ml / 1 cucchiaino di bicarbonato di sodio (bicarbonato di sodio)

5 ml/1 cucchiaino di zenzero macinato

2,5 ml/½ cucchiaino di noce moscata grattugiata

10 ml/2 cucchiai di cannella in polvere

un po' di sale

1 uovo

225 g / 8 oz / 1 tazza di zucchero semolato (super fine)

100 g/4 once di zucca cotta, affettata

5 ml/1 cucchiaino di succo di limone

4 uova

50 g / 2 oz / ½ tazza di noci, tritate

50 g / 2 once / 1/3 tazza di zucchero semolato, setacciato

Per il ripieno:
175 g / 6 oz / 1 tazza di zucchero semolato, setacciato

100 g / 4 once / ½ tazza di formaggio cremoso

2,5 ml / ½ cucchiaino di essenza di vaniglia (estratto)

Mescolare la farina, il lievito, le spezie e il sale. Sbattere l'uovo fino ad ottenere un composto denso e chiaro, quindi aggiungere lo zucchero fino ad ottenere un composto chiaro e cremoso. Aggiungere la zucca e il succo di limone. Aggiungere al composto di farina. In una ciotola pulita, sbattere gli albumi a neve ferma. Piegare il composto della torta in una teglia svizzera da 30 x 12 cm unta e foderata e cospargere le noci. Cuocere in forno preriscaldato a 190°C / 375°F / gas mark 5 per 10 minuti finché non diventa elastico al tatto. Setacciare lo zucchero a velo su un canovaccio pulito (canovaccio) e capovolgere la torta sul canovaccio. Togliere il rivestimento di carta, arrotolare la torta nel canovaccio e lasciarla raffreddare.

Per realizzare il ripieno, sbattere gradualmente lo zucchero con la crema di formaggio e l'essenza di vaniglia fino ad ottenere un composto spalmabile. Stendere la torta e spalmare sopra il ripieno. Stendere nuovamente la torta e cospargerla con ancora un po' di zucchero a velo prima di servire.

Rabarbaro e pan di zenzero

Prepara due torte da 450 g/1 libbra

250 g / 9 oz / ¾ tazza di miele chiaro

100 ml / 4 fl oz / ½ tazza di olio

1 uovo

5 ml / 1 cucchiaino di bicarbonato di sodio (bicarbonato di sodio)

60 ml / 4 cucchiai di acqua

350 g / 12 oz / 3 tazze di farina integrale (grano Vanz)

10 ml / 2 cucchiaini di sale

350 g / 12 oz rabarbaro, tritato finemente

5 ml / 1 cucchiaino di essenza di vaniglia (estratto)

50 g / 2 oz / ½ tazza di noci miste tritate (opzionale)

Per il condimento:

75 g / 3 once / 1/3 tazza di zucchero di canna

5 ml/1 cucchiaino di cannella in polvere

15 g / ½ oz / 1 cucchiaio di burro o margarina, ammorbidito

Mescolare il miele e l'olio. Aggiungere le uova e sbattere bene. Aggiungere il bicarbonato di sodio all'acqua e lasciarlo sciogliere. Mescolare la farina e il sale. Aggiungere la miscela di miele alternativamente alla miscela di bicarbonato di sodio. Aggiungere il rabarbaro, l'essenza di vaniglia e le noci, se utilizzate. Versare in due stampini unti da 450 g/1 libbra. Mescolare gli ingredienti per la copertura e distribuirli sul composto della torta. Cuocere in forno preriscaldato a 180°C/350°F/gas mark 4 per 1 ora finché non diventa elastico al tatto.

Tortino di patate dolci

Prepara una torta da 23 cm / 9 pollici

300 g / 11 oz / 2¾ tazze di farina semplice (per tutti gli usi)

15 ml/1 cucchiaio di lievito in polvere

5 ml/1 cucchiaino di cannella in polvere

5 ml/1 cucchiaino di noce moscata grattugiata

un po' di sale

350 g / 12 oz / 1 tazza e ¾ di zucchero a velo (super fine)

375 ml / 13 fl oz / 1 tazza e ½ di olio

60 ml / 4 cucchiai di acqua bollita

4 uova, separate

8 once / 225 g di patate dolci, sbucciate e grattugiate grossolanamente

100 g / 4 oz / 1 tazza di noci miste tritate

5 ml / 1 cucchiaino di essenza di vaniglia (estratto)

Per la glassa (glassa):

225 g / 8 once / 11/3 tazze di zucchero macinato (a pasticceria), setacciato

50 g / 2 once / ¼ tazza di burro o margarina, ammorbidito

250 g / 9 oz / 1 formaggio cremoso medio in vaso

50 g / 2 oz / ½ tazza di noci miste tritate

Un pizzico di cannella in polvere per aspirapolvere

Mescolare la farina, il lievito, la cannella, la noce moscata e il sale. Versare lo zucchero nell'olio, quindi aggiungere l'acqua bollente e mescolare fino ad ottenere un composto ben amalgamato. Aggiungete le uova al composto di farina e mescolate fino ad ottenere un composto ben amalgamato. Aggiungere le patate dolci, le noci e l'essenza di vaniglia. Montare l'albume a neve ferma, quindi incorporarlo al composto. Versare in due tortiere infarinate e cuocere in forno preriscaldato a 180°C/350°F/gas mark 4 per 40 minuti finché non sarà elastico al tatto. Lasciare raffreddare negli stampini per 5 minuti, quindi trasferire su una gratella a raffreddare.

Mescolare lo zucchero a velo, il burro o la margarina e metà della crema di formaggio. Distribuire metà della crema di formaggio rimanente su una torta, quindi spalmare la glassa sul formaggio. Imburrare le torte insieme. Distribuire sopra il resto della crema di formaggio e cospargere le noci e la cannella prima di servire.

Torta di mandorle italiana

Prepara una torta da 20 cm / 8 pollici

1 uovo

150 ml / ¼ pt / 2/3 tazza di latte

2,5 ml / ½ cucchiaino di essenza di mandorla (estratto)

45 ml/3 cucchiai di burro fuso

350 g / 12 once / 3 tazze di farina semplice (per tutti gli usi)

100 g / 4 oz / ½ tazza di zucchero semolato (super fine)

10 ml / 2 cucchiaini di lievito in polvere

2,5 ml / ½ cucchiaino di sale

1 albume d'uovo

100 g / 4 oz / 1 tazza di mandorle a scaglie

Versate l'uovo in una ciotola, poi aggiungete gradualmente il latte, l'essenza di mandorle e il burro fuso, mescolando continuamente. Aggiungete la farina, lo zucchero, il lievito e il sale e continuate a mescolare fino ad ottenere un composto omogeneo. Versare in una tortiera da 20 cm imburrata e foderata. Montare gli albumi, quindi spalmarli generosamente sulla torta e cospargerli di mandorle. Cuocere in forno preriscaldato a 220°C/425°F/gas. Segna 7 per 25 minuti finché non diventa dorato ed elastico al tatto.

Torta con mandorle e caffè

Prepara una torta da 23 cm / 9 pollici

8 uova, separate

175 g / 6 oz / ¾ tazza di zucchero semolato (super fine)

60 ml/4 cucchiai di caffè nero forte

175 g / 6 once / 1 tazza e ½ di mandorle tritate

45 ml / 3 cucchiai di semola (crema di grano)

100 g / 4 once / 1 tazza di farina semplice (per tutti gli usi)

Sbattere i tuorli e lo zucchero fino ad ottenere un composto molto denso e cremoso. Aggiungere il caffè, le mandorle tritate e il semolino e sbattere bene. Aggiungere la farina. Montare l'albume a neve ferma, quindi incorporarlo al composto. Versare in una tortiera (teglia) da 23 cm unta e cuocere in forno preriscaldato a 180°C/350°F/gas mark 4 per 45 minuti finché non diventa elastica al tatto.

Torta con mandorle e miele

Prepara una torta da 20 cm / 8 pollici

225 g / 8 once di carote grattugiate

75 g di mandorle, tritate

2 uova sbattute

100 ml / ½ tazza di miele chiaro

60 ml/4 cucchiai di olio

150 ml / ¼ pt / 2/3 tazza di latte

150 g / 5 oz / 1¼ tazze di farina integrale (grano Vanz)

10 ml / 2 cucchiaini di sale

10 ml/2 cucchiai di bicarbonato di sodio

15 ml/1 cucchiaio di cannella in polvere

Mescolare le carote e le noci. Sbattere le uova con miele, olio e latte, quindi aggiungere il composto di carote. Mescolare la farina, il sale, il bicarbonato e la cannella e aggiungere al composto di carote. Versare il composto in una teglia quadrata da 20 cm unta e foderata (la teglia) e cuocere in forno preriscaldato a 150 °C/300 °F/gas mark 2 per 1 ora e ¾ finché uno stecchino inserito al centro non fuoriesce pulito. esce pulito. . Lasciare raffreddare nello stampo per 10 minuti prima di togliere dallo stampo.

Torta al limone e mandorle

Prepara una torta da 23 cm / 9 pollici

25 g / 1 oz / ¼ tazza di mandorle a scaglie (a fette)

100 g / 4 oz / ½ tazza di burro o margarina, ammorbidito

100 g / 4 oz / ½ tazza di zucchero di canna morbido

2 uova sbattute

100 g / 4 oz / 1 tazza di farina autolievitante

buccia grattugiata di 1 limone

Per lo sciroppo:

75 g / 3 once / 1/3 tazza di zucchero a velo (superfino).

45-60 ml/3-4 cucchiai di succo di limone

Imburrare e foderare una tortiera (forma) da 23 cm e cospargere il fondo di mandorle. Mescolare il burro e lo zucchero di canna. Sbattere le uova una alla volta, quindi aggiungere la farina e la scorza di limone. Versare nella forma preparata e levigare la superficie. Cuocere in forno preriscaldato a 180°C/350°F/gas mark 4 per 20-25 minuti finché non sarà ben lievitato ed elastico al tatto.

Nel frattempo scaldate in una padella lo zucchero a velo e il succo di limone, mescolando di tanto in tanto, finché lo zucchero non si sarà sciolto. Sfornate la torta e lasciatela raffreddare per 2 minuti, poi capovolgetela su una gratella. Versare lo sciroppo con un cucchiaio e lasciarlo raffreddare completamente.

Torta di mandorle con arance

Prepara una torta da 20 cm / 8 pollici

225 g / 8 oz / 1 tazza di burro o margarina, ammorbidito

225 g / 8 oz / 1 tazza di zucchero semolato (super fine)

4 uova, separate

225 g / 8 once / 2 tazze di farina semplice (per tutti gli usi)

10 ml / 2 cucchiaini di lievito in polvere

50 g / 2 once / ½ tazza di mandorle tritate

5 ml/1 cucchiaino di scorza d'arancia grattugiata

Mescolare il burro o la margarina e lo zucchero fino ad ottenere un composto chiaro e soffice. Sbattere i tuorli d'uovo, quindi aggiungere la farina, il lievito, le mandorle tritate e la scorza d'arancia. Montare gli albumi a neve ferma, quindi incorporarli con un cucchiaio di metallo. Disporre in una teglia da crostata da 20 cm unta e foderata e cuocere in forno preriscaldato a 180 °C/gas mark 4 per 1 ora finché uno stecchino inserito al centro non esce pulito.

ricca torta di mandorle

Prepara una torta da 18 cm / 7 pollici

100 g / 4 oz / ½ tazza di burro o margarina, ammorbidito

150 g / 5 once / 2/3 tazza di zucchero a velo (superfino).

3 uova, leggermente sbattute

75 g / 3 once / ¾ tazza di mandorle tritate

50 g / 2 once / ½ tazza di farina semplice (per tutti gli usi)

Qualche goccia di essenza di mandorla (estratto)

Mescolare il burro o la margarina e lo zucchero fino ad ottenere un composto chiaro e soffice. Aggiungete poco a poco le uova e poi aggiungete le mandorle tritate, la farina e l'essenza di mandorle. Versare in una tortiera da 18 cm unta e foderata e cuocere in forno preriscaldato a 180°C/350°F/gas mark 4 per 45 minuti finché non sarà elastica al tatto.

Torta svedese con macarons

Prepara una torta da 23 cm / 9 pollici

100 g / 4 oz / 1 tazza di mandorle tritate

75 g / 3 once / 1/3 tazza di zucchero semolato

5 ml/1 cucchiaino di lievito in polvere

2 grandi albumi d'uovo, sbattuti

Mescolare le mandorle, lo zucchero e il lievito. Montare gli albumi fino ad ottenere un composto denso e liscio. Versare in una teglia (teglia) da 23 cm unta e foderata e cuocere in forno preriscaldato a 160°C/325°F/gas mark 3 per 20-25 minuti, fino a quando sarà lievitata e sarà dorata. Togliere con molta attenzione dagli stampi perché la torta è fragile.

Pane al cocco

Prepara una pagnotta da 450 g/1 libbra

100 g / 4 oz / 1 tazza di farina autolievitante

225 g / 8 oz / 1 tazza di zucchero semolato (super fine)

100 g / 4 oz / 1 tazza di cocco essiccato (tritato)

1 uovo

120 ml / 4 fl oz / ½ tazza di latte

un po' di sale

Amalgamate bene tutti gli ingredienti e versateli in uno stampo da 450 g unto e imburrato. Cuocere in forno preriscaldato a 180°C/350°F/gas mark 4 per ca. 1 ora fino a quando saranno dorati ed elastici al tatto.

Torta al cocco

Prepara una torta da 23 cm / 9 pollici

75 g / 3 once / 1/3 tazza di burro o margarina

150 ml / ¼ pt / 2/3 tazza di latte

2 uova, leggermente sbattute

225 g / 8 oz / 1 tazza di zucchero semolato (super fine)

150 g / 5 oz / 1¼ tazze di farina (lievito)

un po' di sale

                    Per il condimento:
100 g / 4 once / ½ tazza di burro o margarina

75 g / 3 once / ¾ tazza di cocco essiccato (grattugiato)

60 ml / 4 cucchiai di miele chiaro

45 ml/3 cucchiai di latte

50 g / 2 once / ¼ tazza di zucchero di canna morbido

Sciogliere il burro o la margarina nel latte e lasciarlo raffreddare leggermente. Sbattere le uova e lo zucchero a velo fino ad ottenere un composto chiaro e soffice, quindi aggiungere il composto di burro e latte. Aggiungete la farina ed il sale fino ad ottenere un composto abbastanza liscio. Versare in una tortiera da 23 cm unta e foderata (la tortiera) e cuocere in forno preriscaldato a 180°C/350°F/Gas Mark 4 per 40 minuti fino a quando non sarà dorata ed elastica al tatto.

Nel frattempo cuocete in padella gli ingredienti del condimento. Posizionate sopra la torta calda e versate il composto di topping. Mettere sotto la griglia calda (griglia) per alcuni minuti fino a quando la copertura inizia a dorarsi.

torta dorata al cocco

Prepara una torta da 20 cm / 8 pollici

100 g / 4 oz / ½ tazza di burro o margarina, ammorbidito

200 g / 7 once / poco meno di 1 tazza di zucchero semolato (superfino).

200 g / 7 oz / 1 tazza e ¾ di farina semplice (per tutti gli usi)

10 ml / 2 cucchiaini di lievito in polvere

un po' di sale

175 ml / 6 fl oz / ¾ tazza di latte

3 uova

Per farcire e guarnire:

150 g / 5 oz / 1 tazza e ¼ di cocco essiccato (grattugiato)

200 g / 7 once / poco meno di 1 tazza di zucchero semolato (superfino).

120 ml / 4 fl oz / ½ tazza di latte

120 ml / 4 fl oz / ½ tazza di acqua

3 tuorli d'uovo

Mescolare il burro o la margarina e lo zucchero fino ad ottenere un composto chiaro e soffice. Mescolare nel composto la farina, il lievito e il sale alternandoli con il latte e l'acqua fino ad ottenere un impasto liscio. Montare gli albumi a neve ferma, quindi incorporarli all'impasto. Versare il composto in due tortiere da 20 cm unte e cuocere in forno preriscaldato a 180°C/350°F/gas mark 4 per 25 minuti finché non diventa elastico al tatto. Lasciarlo raffreddare.

Mescolare il cocco, lo zucchero, il latte e il tuorlo d'uovo in un pentolino. Scaldare a fuoco basso per qualche minuto fino a quando le uova saranno cotte, mescolando continuamente. Lasciarlo raffreddare. Distribuire metà del composto al cocco sulla torta e ricoprire con il resto.

Torta al cocco

Prepara una torta di 9 x 18 cm

100 g / 4 oz / ½ tazza di burro o margarina, ammorbidito

175 g / 6 oz / ¾ tazza di zucchero semolato (super fine)

3 uova

175 g / 6 oz / 1 tazza e ½ di farina semplice (per tutti gli usi)

5 ml/1 cucchiaino di lievito in polvere

175 g / 6 oz / 1 tazza di uva sultanina (uvetta dorata)

120 ml / 4 fl oz / ½ tazza di latte

6 biscotti comuni (biscotti), tritati

100 g / 4 oz / ½ tazza di zucchero di canna morbido

100 g / 4 oz / 1 tazza di cocco essiccato (tritato)

Sbattere il burro o la margarina e lo zucchero a velo fino a ottenere un composto chiaro e soffice. Sbattere lentamente due uova, quindi aggiungere la farina, il lievito e l'uvetta alternati al latte. Versare metà del composto in uno stampo da 450 g unto e foderato. Mescolare l'uovo rimasto con le briciole di torta, lo zucchero di canna e il cocco e cospargerli nell'impasto. Versare il resto del composto e cuocere in forno preriscaldato a 180°C/gas 4 per 1 ora. Lasciare raffreddare nello stampo per 30 minuti, quindi trasferire su una gratella a raffreddare.

Torta al cocco e limone

Prepara una torta da 20 cm / 8 pollici

100 g / 4 oz / ½ tazza di burro o margarina, ammorbidito

75 g / 3 once / 1/3 tazza di zucchero di canna morbido

buccia grattugiata di 1 limone

1 uovo sbattuto

Qualche goccia di essenza di mandorla (estratto)

350 g / 12 once / 3 tazze di farina autolievitante

60 ml / 4 cucchiai di marmellata di lamponi (riserva)

                    Per il condimento:

1 uovo sbattuto

75 g / 3 once / 1/3 tazza di zucchero di canna morbido

225 g / 8 oz / 2 tazze di cocco essiccato (grattugiato)

Mescolare il burro o la margarina, lo zucchero e la scorza di limone fino ad ottenere un composto chiaro e soffice. Aggiungere gradualmente l'uovo e l'essenza di mandorle e poi la farina. Versare il composto in una tortiera da 20 cm unta e foderata. Versare la marmellata sopra il composto. Sbattere insieme gli ingredienti per la copertura e distribuire sopra il composto. Cuocere in forno preriscaldato a 180°C/350°F/Gas 4 per 30 minuti fino a quando saranno teneri al tatto Lasciare raffreddare nella padella.

Torta al cocco di Capodanno

Prepara una torta da 18 cm / 7 pollici

100 g / 4 oz / ½ tazza di burro o margarina, ammorbidito

100 g / 4 oz / ½ tazza di zucchero semolato (super fine)

2 uova, leggermente sbattute

75 g / 3 once / ¾ tazza di farina semplice (per tutti gli usi)

45 ml / 3 cucchiai di cocco essiccato (grattugiato)

30 ml/2 cucchiai di rum

Qualche goccia di essenza di mandorla (estratto)

Qualche goccia di essenza di limone (estratto)

Sbattere il burro e lo zucchero fino a ottenere un composto chiaro e soffice. Sbattere lentamente le uova, quindi aggiungere la farina e il cocco. Aggiungi il rum all'essenza. Versare in una tortiera da 18 cm unta e foderata e livellare la superficie. Cuocere in forno preriscaldato a 190°C / 375°F / gas mark 5 per 45 minuti finché non fuoriesce uno stecchino inserito al centro. pulito..., esce pulito Lasciarlo raffreddare nella teglia.

Torta al cocco e uva sultanina

Prepara una torta da 23 cm / 9 pollici

100 g / 4 oz / ½ tazza di burro o margarina, ammorbidito

175 g / 6 oz / ¾ tazza di zucchero semolato (super fine)

2 uova, leggermente sbattute

175 g / 6 oz / 1 tazza e ½ di farina semplice (per tutti gli usi)

5 ml/1 cucchiaino di lievito in polvere

un po' di sale

175 g / 6 oz / 1 tazza di uva sultanina (uvetta dorata)

120 ml / 4 fl oz / ½ tazza di latte

               Per il ripieno:

1 uovo, leggermente sbattuto

50 g / 2 oz / ½ tazza di briciole di biscotti normali

100 g / 4 oz / ½ tazza di zucchero di canna morbido

100 g / 4 oz / 1 tazza di cocco essiccato (tritato)

Sbattere il burro o la margarina e lo zucchero a velo fino a ottenere un composto chiaro e soffice. Mescolare lentamente le uova. Aggiungete la farina, il lievito, il sale e l'uvetta con abbastanza latte per ottenere una consistenza morbida. Versare metà del composto in una tortiera da 9 pollici unta. Mescolare gli ingredienti del ripieno e versare il composto sulla pasta frolla, quindi ricoprire con il restante composto della torta. Cuocere in forno preriscaldato a 180°C / 350°F / gas mark 4 per 1 ora, finché non diventa elastico al tatto e inizia a ritirarsi dai lati dello stampo. Lasciare raffreddare nello stampo prima di togliere dallo stampo.

torta croccante alle noci

Prepara una torta da 23 cm / 9 pollici

225 g / 8 oz / 1 tazza di burro o margarina, ammorbidito

225 g / 8 oz / 1 tazza di zucchero semolato (super fine)

2 uova, leggermente sbattute

225 g / 8 once / 2 tazze di farina semplice (per tutti gli usi)

2,5 ml/½ cucchiaino di bicarbonato di sodio

2,5 ml / ½ cucchiaino di cremor tartaro

200 ml/quasi 1 tazza di latte

Per il condimento:

100 g / 4 oz / 1 tazza di noci miste tritate

100 g / 4 oz / ½ tazza di zucchero di canna morbido

5 ml/1 cucchiaino di cannella in polvere

Sbattere il burro o la margarina e lo zucchero a velo fino a ottenere un composto chiaro e soffice. Sbattere poco a poco le uova, poi aggiungere la farina, il bicarbonato e il cremor tartaro alternandoli al latte. Versare in una tortiera da 9 pollici unta e foderata. Mescolare le noci, lo zucchero di canna e la cannella e cospargerli sulla torta. Cuocere nel forno preriscaldato a 180°C/350°F/gas mark 4 per 40 minuti fino a quando saranno dorati e i lati dello stampo si saranno ristretti. Lasciare raffreddare nello stampo per 10 minuti, quindi trasferire su una gratella a raffreddare.

Torta mista di noci

Prepara una torta da 23 cm / 9 pollici

100 g / 4 oz / ½ tazza di burro o margarina, ammorbidito

225 g / 8 oz / 1 tazza di zucchero semolato (super fine)

1 uovo sbattuto

225 g / 8 oz / 2 tazze di farina autolievitante (lievito)

10 ml / 2 cucchiaini di lievito in polvere

un po' di sale

250 ml / 8 fl oz / 1 tazza di latte

5 ml / 1 cucchiaino di essenza di vaniglia (estratto)

2,5 ml / ½ cucchiaino di essenza di limone (estratto)

100 g / 4 oz / 1 tazza di noci miste tritate

Mescolare il burro o la margarina e lo zucchero fino ad ottenere un composto chiaro e soffice. Aggiungere l'uovo un po' alla volta. Mescolare la farina, il lievito e il sale e aggiungere il composto alternato con il latte e l'essenza. Piega le noci. Versare in due tortiere imburrate da 23 cm e cuocere in forno preriscaldato a 180°F/350°F/gas mark 4 per 40 minuti fino a quando uno stecchino inserito al centro risulta pulito.

Torta greca alle noci

Prepara una torta da 25 cm / 10 pollici

100 g / 4 oz / ½ tazza di burro o margarina, ammorbidito

225 g / 8 oz / 1 tazza di zucchero semolato (super fine)

3 uova, leggermente sbattute

250 g / 9 once / 2¼ tazze di farina semplice (per tutti gli usi)

225 g / 8 once / 2 tazze di noci tritate

10 ml / 2 cucchiaini di lievito in polvere

5 ml/1 cucchiaino di cannella in polvere

1,5 ml / ¼ cucchiaino di chiodi di garofano macinati

un po' di sale

75 ml/5 cucchiai di latte

Per lo sciroppo di miele:

175 g / 6 oz / ¾ tazza di zucchero semolato (super fine)

75 g / 3 oz / ¼ tazza di miele chiaro

15 ml/1 cucchiaio di succo di limone

250 ml / 8 fl oz / 1 tazza di acqua bollente

Mescolare il burro o la margarina e lo zucchero fino ad ottenere un composto chiaro e soffice. Aggiungere poco a poco le uova, quindi aggiungere la farina, le noci, il lievito, le spezie e il sale. Aggiungere il latte e mescolare fino ad omogeneizzare. Versare in una tortiera (stampo) da 25 cm/10" imburrata e unta e cuocere in forno preriscaldato a 180°C/350°F/gas mark 4 per 40 minuti finché non sarà elastico al tatto. Lasciare raffreddare nello stampo per 10 minuti, quindi trasferirlo su una gratella.

Per preparare lo sciroppo, unire lo zucchero, il miele, il succo di limone e l'acqua e scaldare finché non si scioglie. Bucherellare tutta la torta calda con una forchetta, quindi versarvi sopra lo sciroppo di miele.

Torta gelato alle noci

Prepara una torta da 18 cm / 7 pollici

100 g / 4 oz / ½ tazza di burro o margarina, ammorbidito

100 g / 4 oz / ½ tazza di zucchero semolato (super fine)

2 uova, leggermente sbattute

100 g / 4 oz / 1 tazza di farina autolievitante

100 g / 4 oz / 1 tazza di noci, tritate

un po' di sale

      Per la glassa (glassa):
450 g / 1 libbra / 2 tazze di zucchero semolato

150 ml / ¼ pt / 2/3 tazza di acqua

2 uova

Qualche metà di noce per decorare

Sbattere il burro o la margarina e lo zucchero a velo fino a ottenere un composto chiaro e soffice. Aggiungete poco a poco le uova, poi aggiungete la farina, le noci e il sale. Versare il composto in due tortiere da 18 cm unte e foderate e cuocere in forno preriscaldato a 180°C/gas mark 4 per 25 minuti finché non sarà ben lievitato ed elastico. Lasciare raffreddare.

Sciogliere lo zucchero semolato nell'acqua a fuoco basso, mescolando continuamente, portare ad ebollizione e continuare a bollire, senza mescolare, finché una goccia del composto forma una palla liscia quando viene immersa nell'acqua fredda. Nel frattempo, montate gli albumi in una ciotola pulita a neve ferma. Versare lo sciroppo sugli albumi e sbattere fino a quando il composto sarà abbastanza denso da ricoprire il dorso di un cucchiaio. Spennellare le torte con uno strato di glassa, quindi distribuire il resto sulla parte superiore e sui lati della torta e decorare con metà di noce.

Torta alle noci con crema al cioccolato

Prepara una torta da 18 cm / 7 pollici

3 uova

75 g / 3 once / 1/3 tazza di zucchero di canna morbido

50 g / 2 oz / ½ tazza di farina integrale (grano Vanz)

25 g / 1 oncia / ¼ tazza di cacao in polvere (cioccolato non zuccherato)

Per la glassa (glassa):

150 g / 5 oz / 1 tazza e ¼ di cioccolato fondente (semidolce).

225 g / 8 once / 1 tazza di ricotta a basso contenuto di grassi

45 ml / 3 cucchiai di zucchero a velo (zucchero dolce), setacciato

75 g / 3 once / ¾ tazza di noci, tritate

15 ml / 1 cucchiaio di brandy (facoltativo)

Disporre il cioccolato per la decorazione

Sbattere le uova e lo zucchero di canna fino a ottenere un composto chiaro e denso. Aggiungere farina e cacao. Versare il composto in due stampi per sandwich da 18 cm unti e foderati e cuocere in forno preriscaldato a 190°C/375°F/gas mark 5 per 15-20 minuti, finché non sarà ben lievitato. Togliere dagli stampi e lasciare raffreddare.

Sciogliere il cioccolato in una ciotola resistente al calore posta sopra una pentola di acqua bollente. Togliere dal fuoco e aggiungere la crema di formaggio e lo zucchero a velo, quindi aggiungere le noci e il brandy se lo si utilizza. Distribuire la maggior parte del ripieno sulle torte e spalmare il resto sopra. Decorare con cioccolato grattugiato.

Torta alle noci con miele e cannella

Prepara una torta da 23 cm / 9 pollici

225 g / 8 once / 2 tazze di farina semplice (per tutti gli usi)

10 ml / 2 cucchiaini di lievito in polvere

5 ml / 1 cucchiaino di bicarbonato di sodio (bicarbonato di sodio)

5 ml/1 cucchiaino di cannella in polvere

un po' di sale

100 g / 4 once / 1 tazza di yogurt bianco

75 ml/5 cucchiai di olio

100 g / 4 oz / 1/3 tazza di miele leggero

1 uovo, leggermente sbattuto

5 ml / 1 cucchiaino di essenza di vaniglia (estratto)

Per il ripieno:

50 g / 2 once / ½ tazza di noci tritate

225 g / 8 once / 1 tazza di zucchero di canna morbido

10 ml/2 cucchiai di cannella in polvere

30 ml/2 cucchiai di olio

Mescolare gli ingredienti secchi per la torta e formare una fontana al centro. Sbattere gli ingredienti rimanenti della torta e mescolarli con gli ingredienti secchi. Mescolare gli ingredienti per il ripieno. Versare metà del composto della torta in una tortiera da 23 cm imburrata e infarinata e cospargere con metà del ripieno. Aggiungere il restante composto della torta, quindi il resto del ripieno. Cuocere in forno preriscaldato a 180°C/350°F/gas mark 4 per 30 minuti finché non saranno ben lievitati e dorati e inizieranno a ritirarsi dai lati dello stampo.

Barrette di mandorle e miele

10 adesso

15 g / ½ oz di lievito fresco o 20 ml / 4 cucchiaini di lievito secco

45 ml / 3 cucchiai di zucchero a velo (super fine)

120 ml / ½ tazza di latte caldo

300 g / 11 oz / 2¾ tazze di farina semplice (per tutti gli usi)

un po' di sale

1 uovo, leggermente sbattuto

50 g / 2 once / ¼ tazza di burro o margarina, ammorbidito

300 ml / ½ pt / 1¼ tazza di panna doppia (pesante)

30 ml/2 cucchiai di zucchero a velo (zucchero dolce), setacciato

45 ml / 3 cucchiai di miele chiaro

300 g / 11 oz / 2¾ tazze di mandorle secche (a fette)

Mescolare il lievito, 5 ml/1 cucchiaino di zucchero e un po' di latte e lasciare in un luogo caldo per 20 minuti fino a quando non diventa schiumoso. Mescolare il resto dello zucchero con la farina e il sale e formare una fontana al centro. Unire gradualmente le uova, il burro o la margarina, il composto di lievito e il restante latte caldo e mescolare fino a ottenere un composto omogeneo. Impastare su una superficie leggermente infarinata fino a ottenere un impasto liscio ed elastico. Mettere in una ciotola unta d'olio, coprire con pellicola alimentare unta (pellicola di plastica) e lasciare in un luogo tiepido per 45 minuti finché non raddoppia di volume.

Riprendere l'impasto, stenderlo e metterlo in una teglia 30 x 20 cm (forma 12 x 8) unta, schiacciare il tutto con una forchetta, coprire e lasciare riposare in un luogo tiepido per 10 minuti.

Mettere 120 ml/½ tazza di panna, bollire lo zucchero e il miele in un pentolino e portare a ebollizione. Togliere dal fuoco e mantecare con le mandorle. Distribuirvi sopra l'impasto, quindi cuocere in forno preriscaldato a 200°C/Gas mark 6 per 20 minuti finché non diventa dorato ed elastico al tatto, coprendo con carta da forno (cera) se la parte superiore inizia a scurirsi troppo presto. Fine della cottura. Spegnete e lasciate raffreddare.

Tagliare la torta a metà in senso orizzontale. Sbattere il resto della panna a neve ferma e spalmarla sulla metà inferiore della torta. Ricoprire con le metà della torta ricoperte di mandorle e tagliare a barrette.

Barrette crumble con mele e ribes nero

12 prima

175 g / 6 oz / 1 tazza e ½ di farina semplice (per tutti gli usi)

5 ml/1 cucchiaino di lievito in polvere

un po' di sale

175 g / 6 once / ¾ tazza di burro o margarina

225 g / 8 once / 1 tazza di zucchero di canna morbido

100 g / 4 once / 1 tazza di fiocchi d'avena

450 g / 1 lb di mele da cuocere, sbucciate, senza torsolo e affettate

30 ml / 2 cucchiai di farina di mais (amido di mais)

10 ml/2 cucchiai di cannella in polvere

2,5 ml/½ cucchiaino di noce moscata grattugiata

2,5 ml / ½ cucchiaino di pimento macinato

225 g / 8 once di ribes nero

Mescolare la farina, il lievito e il sale, quindi incorporare il burro o la margarina. Aggiungi lo zucchero e l'avena. Versarne la metà sul fondo di una tortiera quadrata da 9/25 cm unta e foderata. Mescolare le mele, l'amido di mais e le spezie e spalmare. Completare con ribes nero. Versare il resto del composto sulla parte superiore liscia. Cuocere nel forno preriscaldato a 180°C / 350°F / gas mark 4 per 30 minuti finché non diventa elastico. Lasciare raffreddare, quindi tagliare in barrette.

Albicocche e avena

Ce ne sono 24

75 g / 3 once / ½ tazza di albicocche secche

25 g / 1 oz / 3 cucchiai di uva sultanina (uvetta dorata)

250 ml / 8 fl oz / 1 tazza di acqua

5 ml/1 cucchiaino di succo di limone

150 g / 5 once / 2/3 tazza di zucchero di canna morbido

50 g / 2 once / ½ tazza di cocco essiccato (grattugiato)

50 g / 2 once / ½ tazza di farina semplice (per tutti gli usi)

2,5 ml/½ cucchiaino di bicarbonato di sodio

100 g / 4 once / 1 tazza di fiocchi d'avena

50 g / 2 once / ¼ tazza di burro fuso

Mettete in un pentolino le albicocche, l'uvetta, l'acqua, il succo di limone e 30 ml/2 cucchiai di zucchero di canna e mescolate a fuoco basso finché non si addensa. Aggiungete il cocco e lasciate raffreddare. Setacciare insieme la farina, il lievito, l'avena e lo zucchero rimasto, quindi incorporare il burro fuso. Versare metà del composto di avena sul fondo di uno stampo quadrato da 20 cm unto, quindi distribuire sopra il composto di albicocche. Ricoprire con il restante composto di avena e premere delicatamente. Cuocere in forno preriscaldato a 180°C/350°F/gas mark 4 per 30 minuti fino a doratura. Lasciare raffreddare, quindi tagliare in barrette.

Albicocche croccanti

Ce ne sono 16

100 g / 4 oz / 2/3 tazza di albicocche già secche

120 ml / 4 fl oz / ½ tazza di succo d'arancia

100 g / 4 once / ½ tazza di burro o margarina

75 g / 3 once / ¾ tazza di farina integrale (grano Vanz)

75 g / 3 once / ¾ tazza di avena

75 g / 3 once / 1/3 tazza di zucchero demerara

Immergere le albicocche nel succo d'arancia per almeno 30 minuti fino a quando saranno morbide, scolarle e tritarle. Strofinare il burro o la margarina nella farina fino a quando il composto non assomiglia al pangrattato. Aggiungi avena e zucchero. Versare metà del composto in uno Swiss Roll (stampo per muffin) unto di 30 x 20 cm e cospargere con le albicocche. Distribuire sopra il resto del composto e premere leggermente. Cuocere in forno preriscaldato a 180°C/350°F/gas mark 4 per 25 minuti fino a doratura. Lasciarli raffreddare nella teglia prima di tagliarli in barrette.

Barrette di banana con noci

circa 14 anni fa

50 g / 2 once / ¼ tazza di burro o margarina, ammorbidito

75 g / 3 oz / 1/3 tazza di zucchero a velo (superfino) o zucchero di canna morbido

2 banane grandi, tritate

175 g / 6 oz / 1 tazza e ½ di farina semplice (per tutti gli usi)

7,5 ml/1½ cucchiaino di lievito in polvere

2 uova sbattute

50 g / 2 oz / ½ tazza di noci, tritate

Crema di burro o margarina e zucchero. Schiacciare i platani e incorporarli al composto. Mescolare la farina e il lievito. Aggiungere la farina, le uova e le noci al composto di banane e sbattere bene. Versare in una tortiera da 18 x 28 cm unta e foderata, livellare la superficie e cuocere in forno preriscaldato a 160 °C/gas mark 3 per 30-35 minuti finché non si sarà indurita. touch Lasciare raffreddare nella teglia per qualche minuto, quindi sformare su una gratella a raffreddare. Tagliare in circa 14 barrette.

Brownies americani

circa 15 anni fa

2 uova grandi

225 g / 8 oz / 1 tazza di zucchero semolato (super fine)

50 g / 2 once / ¼ tazza di burro o margarina, sciolto

2,5 ml / ½ cucchiaino di essenza di vaniglia (estratto)

75 g / 3 once / ¾ tazza di farina semplice (per tutti gli usi)

45 ml / 3 cucchiai di cacao in polvere (cioccolato non zuccherato)

2,5 ml/½ cucchiaino di lievito in polvere

un po' di sale

50 g / 2 oz / ½ tazza di noci, tritate

Sbattere le uova e lo zucchero fino ad ottenere un composto denso e cremoso. Sbattere il burro e l'essenza di vaniglia. Mescolare la farina, il cacao, il lievito e il sale e unirli alle noci. Versare in una tortiera quadrata da 20 cm ben unta. Cuocere in forno preriscaldato a 180°C / 350°F / gas mark 4 per 40-45 minuti finché non diventa elastico al tatto. Lasciare in padella per 10 minuti, poi tagliare a quadrotti e trasferirli sulla griglia ancora caldi.

Brownies con cioccolato fondente

Sono circa le 16

225 g / 8 once / 1 tazza di burro o margarina

175 g / 6 once / ¾ tazza di zucchero semolato

350 g / 12 once / 3 tazze di farina autolievitante

30 ml / 2 cucchiai di cacao in polvere (cioccolato non zuccherato)

Per la glassa (glassa):
175 g / 6 oz / 1 tazza di zucchero semolato, setacciato

30 ml / 2 cucchiai di cacao in polvere (cioccolato non zuccherato)

L'acqua sta bollendo

Sciogliere il burro o la margarina, quindi aggiungere lo zucchero semolato. Aggiungere farina e cacao. Stampa in formato 18 x 28 cm / 7 x 11 pollici. teglia foderata. Cuocere in forno preriscaldato a 180°C/350°F/gas mark 4 per ca. Mancano 20 minuti all'alba.

Per preparare la glassa, setacciare in una ciotola lo zucchero a velo e il cacao e aggiungere un goccio di acqua bollente. Mescolare fino ad ottenere un composto ben amalgamato, aggiungendo un goccio d'acqua se necessario. Glassare i brownies ancora caldi (ma non bollenti) e lasciarli raffreddare prima di tagliarli a quadrotti.

Brownies al cioccolato e noci

12 prima

50 g / 2 oz / ½ tazza di cioccolato fondente (semidolce).

75 g / 3 once / 1/3 tazza di burro o margarina

225 g / 8 oz / 1 tazza di zucchero semolato (super fine)

75 g / 3 once / ¾ tazza di farina semplice (per tutti gli usi)

75 g / 3 once / ¾ tazza di noci, tritate

50 g / 2 once / ½ tazza di gocce di cioccolato

2 uova sbattute

2,5 ml / ½ cucchiaino di essenza di vaniglia (estratto)

Sciogliere il cioccolato e il burro o la margarina in una ciotola resistente al calore sopra una pentola di acqua bollente. Toglietela dal fuoco e aggiungete gli altri ingredienti. Disporre in una tortiera da 20 cm unta e foderata e cuocere in forno preriscaldato a 180°C/gas mark 4 per 30 minuti finché uno stecchino inserito al centro non esce pulito. Lasciare raffreddare nella padella, quindi tagliare a quadratini.

Bastoncini di burro

Ce ne sono 16

100 g / 4 oz / ½ tazza di burro o margarina, ammorbidito

100 g / 4 oz / ½ tazza di zucchero semolato (super fine)

1 uovo, separato

100 g / 4 once / 1 tazza di farina semplice (per tutti gli usi)

25 g / 1 oz / ¼ tazza di noci miste tritate

Mescolare il burro o la margarina e lo zucchero fino ad ottenere un composto chiaro e soffice. Mescolare i tuorli d'uovo, quindi aggiungere la farina e le noci fino ad ottenere un composto abbastanza consistente. Se è troppo forte aggiungete un po' di latte; se cola aggiungete ancora un po' di farina. Disporre l'impasto in uno stampo per swiss roll da 30 x 20 cm unto (stagno per gelatina). Montare gli albumi e distribuirli sul composto. Cuocere in forno preriscaldato a 180°C/350°F/gas mark 4 per 30 minuti fino a doratura. Lasciare raffreddare, quindi tagliare in barrette.

Vassoio con fiori di ciliegio e caramello

12 prima

100 g / 4 once / 1 tazza di mandorle

225 g / 8 oz / 1 tazza di ciliegie glassate (candite), tagliate a metà

225 g / 8 oz / 1 tazza di burro o margarina, ammorbidito

225 g / 8 oz / 1 tazza di zucchero semolato (super fine)

3 uova sbattute

100 g / 4 oz / 1 tazza di farina autolievitante

50 g / 2 once / ½ tazza di mandorle tritate

5 ml / 1 cucchiaino di lievito in polvere

5 ml / 1 cucchiaino di essenza di mandorla (estratto)

Distribuite le mandorle e le ciliegie sul fondo di una teglia da 20 cm unta e foderata. Sciogliere 50 g di burro o margarina con 50 g di zucchero, poi versare sulle ciliegie e noci il burro o la margarina e lo zucchero chiaro e spumoso, quindi sbattere le uova e unire la farina, le mandorle, il lievito e l'essenza di mandorle, versare mettere il composto nella base e livellare il forno, cuocere nel forno preriscaldato a 160°C/325°F/gas livello 3 per 1 ora. Lasciare raffreddare nello stampo per qualche minuto, quindi capovolgere con attenzione su una gratella, raschiando se necessario la parte superiore della carta da forno. Raffreddare completamente prima di tagliare.

Spuntino al cioccolato

Ce ne sono 24

100 g / 4 oz / ½ tazza di burro o margarina, ammorbidito

100 g / 4 oz / ½ tazza di zucchero di canna morbido

50 g / 2 oz / ¼ tazza di zucchero a velo (super fine)

1 uovo

5 ml / 1 cucchiaino di essenza di vaniglia (estratto)

100 g / 4 once / 1 tazza di farina semplice (per tutti gli usi)

2,5 ml/½ cucchiaino di bicarbonato di sodio

un po' di sale

100 g / 4 oz / 1 tazza di gocce di cioccolato

Sbattere il burro o la margarina e lo zucchero fino a ottenere un composto chiaro e soffice, quindi aggiungere gradualmente le uova e l'essenza di vaniglia. Aggiungere la farina, il lievito e il sale. Aggiungere le gocce di cioccolato. Versare in uno stampo quadrato da 25 cm infarinato e cuocere in forno preriscaldato a 190°C/gas 2 per 15 minuti fino a doratura. Lasciarla raffreddare e poi tagliarla a quadrotti.

Strato di crumble alla cannella

12 prima

Per le basi:

100 g / 4 oz / ½ tazza di burro o margarina, ammorbidito

30 ml / 2 cucchiai di miele chiaro

2 uova, leggermente sbattute

100 g / 4 once / 1 tazza di farina semplice (per tutti gli usi)

Per l'aglio:

75 g / 3 once / 1/3 tazza di burro o margarina

75 g / 3 once / ¾ tazza di farina semplice (per tutti gli usi)

75 g / 3 once / ¾ tazza di avena

5 ml/1 cucchiaino di cannella in polvere

50 g / 2 once / ¼ tazza di zucchero demerara

Mescolare delicatamente il burro o la margarina e il miele. Aggiungete poco alla volta le uova e poi aggiungete la farina. Versare metà del composto in una teglia quadrata (scatola) da 20 cm unta e livellare la superficie.

Per preparare il crumble, strofinare il burro o la margarina nella farina fino a ottenere un composto che assomigli al pangrattato. Aggiungere l'avena, la cannella e lo zucchero. Versare metà del crumble nella teglia, poi ricoprire con il resto dell'impasto per la torta, poi il resto del crumble. Cuocere nel forno preriscaldato a 190 °C/gas 5 per ca. 35 minuti finché uno specchio inserito al centro risulta pulito. Lasciare raffreddare, quindi tagliare in barrette.

bastoncini di cannella appiccicosi

Ce ne sono 16

225 g / 8 once / 2 tazze di farina semplice (per tutti gli usi)

10 ml / 2 cucchiaini di lievito in polvere

225 g / 8 once / 1 tazza di zucchero di canna morbido

15 ml/1 cucchiaio di burro fuso

250 ml / 8 fl oz / 1 tazza di latte

30 ml/2 cucchiai di zucchero demerara

10 ml/2 cucchiai di cannella in polvere

25 g / 1 oz / 2 cucchiai di burro, freddo e affettato

Mescolare la farina, il lievito e lo zucchero. Aggiungete il burro fuso e il latte e mescolate bene. Versare il composto in due tortiere quadrate da 23 cm. Cospargere la superficie con zucchero di canna e cannella, quindi premere sopra i pezzetti di burro. Cuocere in forno preriscaldato a 180°C/350°F/gas mark 4 per 30 minuti. Il burro penetrerà nel composto e diventerà appiccicoso durante la cottura.

Barrette al cocco

Ce ne sono 16

75 g / 3 once / 1/3 tazza di burro o margarina

100 g / 4 once / 1 tazza di farina semplice (per tutti gli usi)

30 ml / 2 cucchiai di zucchero a velo (super fine)

2 uova

100 g / 4 oz / ½ tazza di zucchero di canna morbido

un po' di sale

175 g / 6 oz / 1 tazza e ½ di cocco essiccato (grattugiato)

50 g / 2 oz / ½ tazza di noci miste tritate

glassa all'arancia

Strofinare il burro o la margarina nella farina fino a quando il composto non assomiglia al pangrattato. Aggiungere lo zucchero e pressarlo in una teglia quadrata da 23 cm non unta. Cuocere in forno preriscaldato a 190°C / 350°F / gas mark 4 per 15 minuti fino a cottura.

Mescolare le uova, lo zucchero di canna e il sale, aggiungere il cocco e le noci e spalmare sulla base. Cuocere per 20 minuti finché non sarà pronto e dorato. Gelato con gelato freddo all'arancia. Tagliare a barrette.

Panini alla marmellata di cocco

Ce ne sono 16

25 g / 1 oz / 2 cucchiai di burro o margarina

175 g / 6 once / 1 tazza e ½ di farina autolievitante

225 g / 8 oz / 1 tazza di zucchero semolato (super fine)

2 uova

75 ml / 5 cucchiai di acqua

175 g / 6 oz / 1 tazza e ½ di cocco essiccato (grattugiato)

4 uova

50 g / 2 once / ½ tazza di farina semplice (per tutti gli usi)

100 g / 4 oz / 1/3 tazza di marmellata di fragole (riserva)

Strofinare il burro o la margarina nella farina autolievitante, quindi aggiungere 50 g / 2 once / ¼ di tazza di zucchero. Sbattere i tuorli e 45 ml / 3 cucchiai di acqua e incorporarli al composto. Premere sul fondo di una Jelly Roll Pan da 30 x 20 cm / 12 x 8 unta e bucherellare con una forchetta. Cuocere in forno preriscaldato a 180°C/350°F/gas mark 4 per 12 minuti. Lasciarlo raffreddare.

Mettete in un pentolino il cocco, il resto dello zucchero, l'acqua e un albume e mescolate a fuoco basso fino a quando il composto diventerà grumoso senza scurirsi. Lasciarlo raffreddare. Basta aggiungere la farina. Montare a neve ben ferma gli albumi rimasti, quindi incorporarli al composto. Spalmare la marmellata sulla base, quindi spalmare con il cocco. Cuocere in forno per 30 minuti fino a doratura. Lasciare raffreddare nella teglia prima di tagliare a fette.

Datteri e carta pergamena con mele

12 prima

1 mela da cucina (pera), sbucciata, senza torsolo e tritata

225 g / 8 oz / 11/3 tazze di datteri, tritati

150 ml / ¼ pt / 2/3 tazza di acqua

350 g / 12 once / 3 tazze di fiocchi d'avena

175 g / 6 oz / ¾ tazza di burro o margarina, sciolto

45 ml/3 cucchiai di zucchero demerara

5 ml/1 cucchiaino di cannella in polvere

Mettete in una pentola le mele, i datteri e l'acqua e fate bollire per circa 5 minuti fino a quando le mele saranno morbide. Lasciarlo raffreddare. Mescolare l'avena, il burro o la margarina, lo zucchero e la cannella. Versarne la metà in una teglia quadrata da 20 cm unta e livellare la superficie. Ricoprire con il composto di mele e datteri, quindi ricoprire con il restante composto di avena e lisciare la superficie. Premere delicatamente. Cuocere in forno preriscaldato a 190°C/gas 5 per ca. 30 minuti fino a doratura. Lasciare raffreddare, quindi tagliare in barrette.

Dischi dati

12 prima

225 g / 8 oz / 11/3 tazze di datteri, tritati

30 ml / 2 cucchiai di miele chiaro

30 ml/2 cucchiai di succo di limone

225 g / 8 once / 1 tazza di burro o margarina

225 g / 8 oz / 2 tazze di farina integrale (frumento Vanz)

225 g / 8 once / 2 tazze di avena

75 g / 3 once / 1/3 tazza di zucchero di canna morbido

Lasciare cuocere i datteri, il miele e il succo di limone per qualche minuto a fuoco basso finché i datteri non saranno morbidi. Strofinare il burro o la margarina nella farina e nell'avena finché il composto non assomiglia al pangrattato, quindi aggiungere lo zucchero. Mettete metà del composto in una teglia da 20 cm/8 quadrati imburrata e foderata. Versare sopra il composto di datteri e completare con il restante composto di torta. Premere con decisione. Cuocere nel forno preriscaldato a 190°C / 375°F / gas mark 5 per 35 minuti finché non diventa elastico al tatto. Lasciare raffreddare nella padella e tagliare a fette ancora calde.

Barre per appuntamenti della nonna

Ce ne sono 16

100 g / 4 oz / ½ tazza di burro o margarina, ammorbidito

225 g / 8 once / 1 tazza di zucchero di canna morbido

2 uova, leggermente sbattute

175 g / 6 oz / 1 tazza e ½ di farina semplice (per tutti gli usi)

2,5 ml/½ cucchiaino di bicarbonato di sodio

5 ml/1 cucchiaino di cannella in polvere

Un pizzico di chiodi di garofano macinati

Un pizzico di noce moscata grattugiata

175 g / 6 once / 1 tazza di datteri secchi, tritati

Mescolare il burro o la margarina e lo zucchero fino ad ottenere un composto chiaro e soffice. Aggiungere gradualmente le uova, sbattendo bene dopo ogni aggiunta. Aggiungere gli ingredienti rimanenti finché non saranno ben amalgamati. Versare in una teglia quadrata da 23 cm imburrata e unta e cuocere in forno preriscaldato a 180°C/350°F/gas mark 4 per 25 minuti finché uno stecchino inserito al centro non esce pulito. Lasciare raffreddare, quindi tagliare in barrette.

Curtal nelle barrette d'avena

Ce ne sono 16

175 g / 6 once / 1 tazza di datteri secchi, tritati

15 ml / 1 cucchiaio di miele chiaro

30 ml/2 cucchiai di acqua

225 g / 8 oz / 2 tazze di farina integrale (frumento Vanz)

100 g / 4 once / 1 tazza di fiocchi d'avena

100 g / 4 oz / ½ tazza di zucchero di canna morbido

150 g / 5 oz / 2/3 tazza di burro o margarina, sciolto

Lasciare cuocere i datteri, il miele e l'acqua in un pentolino fino a quando i datteri saranno morbidi. Mescolare insieme la farina, l'avena e lo zucchero, quindi aggiungere il burro fuso o la margarina. Versare metà del composto in una tortiera quadrata da 18 cm unta, cospargere con il composto di datteri, quindi ricoprire con il restante composto di avena e premere leggermente. Cuocere in forno preriscaldato a 180°C/350°F/gas mark 4 per 1 ora finché non saranno sodi e dorati. Fateli raffreddare in padella, tagliateli a barrette ancora caldi.

Barrette di datteri e noci

12 prima

100 g / 4 oz / ½ tazza di burro o margarina, ammorbidito

150 g / 5 once / 2/3 tazza di zucchero a velo (superfino).

1 uovo, leggermente sbattuto

100 g / 4 oz / 1 tazza di farina autolievitante

225 g / 8 oz / 11/3 tazze di datteri, tritati

100 g / 4 oz / 1 tazza di noci, tritate

15 ml / 1 cucchiaio di latte (facoltativo)

100 g / 4 oz / 1 tazza di cioccolato fondente (semidolce).

Mescolare il burro o la margarina e lo zucchero fino ad ottenere un composto chiaro e soffice. Incorporate l'uovo, poi la farina, i datteri e le noci, aggiungendo un po' di latte se il composto risultasse troppo duro. Versare in una teglia unta 30 x 20 cm / 12 x 8 e cuocere in forno preriscaldato a 180°C / 350°F / gas mark 4 per 30 minuti fino a quando diventa elastico al tatto. Lasciarlo raffreddare.

Sciogliere il cioccolato in una ciotola resistente al calore posta sopra una pentola di acqua bollente. Distribuiteci sopra il composto e lasciatelo raffreddare e indurire. Tagliare delle barrette con un coltello affilato.

Fico

Ce ne sono 16

225 g / 8 oz fichi freschi, tritati

30 ml / 2 cucchiai di miele chiaro

15 ml/1 cucchiaio di succo di limone

225 g / 8 oz / 2 tazze di farina integrale (frumento Vanz)

225 g / 8 once / 2 tazze di avena

225 g / 8 once / 1 tazza di burro o margarina

75 g / 3 once / 1/3 tazza di zucchero di canna morbido

Fate bollire i fichi, il miele e il succo di limone per 5 minuti a fuoco basso. Lascialo raffreddare un po'. Mescolare la farina e l'avena, quindi strofinare il burro o la margarina e aggiungere lo zucchero. Versare metà del composto in uno stampo quadrato da 20 cm (lo stampo), quindi versare sopra il composto di fichi. Coprire con il restante composto della torta e premere con forza. Cuocere in forno preriscaldato a 180°C/350°F/gas mark 4 per 30 minuti fino a doratura. Fatela raffreddare in padella, poi tagliatela mentre è ancora tiepida.

frittelle

Ce ne sono 16

75 g / 3 once / 1/3 tazza di burro o margarina

50 g / 2 oz / 3 cucchiai di sciroppo d'oro (mais chiaro)

100 g / 4 oz / ½ tazza di zucchero di canna morbido

175 g / 6 once / 1 tazza e ½ di avena

Sciogliere il burro o la margarina con lo sciroppo e lo zucchero, quindi aggiungere l'avena. Pressare in uno stampo quadrato da 20 cm unto e cuocere in forno preriscaldato a 180°C/350°F/gas mark 4 per ca. 20 minuti finché non diventeranno leggermente dorati. Lasciare intiepidire leggermente prima di affettare, quindi lasciar raffreddare completamente su un vassoio prima di sformare.

Flapjack ai fiori di ciliegio

Ce ne sono 16

75 g / 3 once / 1/3 tazza di burro o margarina

50 g / 2 oz / 3 cucchiai di sciroppo d'oro (mais chiaro)

100 g / 4 oz / ½ tazza di zucchero di canna morbido

175 g / 6 once / 1 tazza e ½ di avena

100 g / 4 oz / 1 tazza di ciliegie glassate (candite), tritate

Sciogliere il burro o la margarina con lo sciroppo e lo zucchero, quindi aggiungere l'avena e le ciliegie. Pressare in una tortiera quadrata da 20 cm unta (la teglia) e cuocere in forno preriscaldato a 180°C/350°F/gas mark 4 per ca. 20 minuti finché non diventeranno leggermente dorati. Lasciare intiepidire leggermente prima di affettare, quindi lasciar raffreddare completamente su un vassoio prima di sformare.

Flapjack al cioccolato

Ce ne sono 16

75 g / 3 once / 1/3 tazza di burro o margarina

50 g / 2 oz / 3 cucchiai di sciroppo d'oro (mais chiaro)

100 g / 4 oz / ½ tazza di zucchero di canna morbido

175 g / 6 once / 1 tazza e ½ di avena

100 g / 4 oz / 1 tazza di gocce di cioccolato

Sciogliere il burro o la margarina con lo sciroppo e lo zucchero, quindi aggiungere l'avena e le gocce di cioccolato. Pressare in una tortiera quadrata da 20 cm unta (la teglia) e cuocere in forno preriscaldato a 180°C/350°F/gas mark 4 per ca. 20 minuti finché non diventeranno leggermente dorati. Lasciare intiepidire leggermente prima di affettare, quindi lasciar raffreddare completamente su un vassoio prima di sformare.

Frittelle di frutta

Ce ne sono 16

75 g / 3 once / 1/3 tazza di burro o margarina

100 g / 4 oz / ½ tazza di zucchero di canna morbido

50 g / 2 oz / 3 cucchiai di sciroppo d'oro (mais chiaro)

175 g / 6 once / 1 tazza e ½ di avena

75 g / 3 oz / ½ tazza di uvetta, uvetta o altra frutta secca

Sciogliere il burro o la margarina con lo zucchero e lo sciroppo, quindi aggiungere l'avena e l'uvetta. Pressare in una tortiera quadrata da 20 cm unta (la teglia) e cuocere in forno preriscaldato a 180°C/350°F/gas mark 4 per ca. 20 minuti finché non diventeranno leggermente dorati. Lasciare raffreddare leggermente prima di affettare, quindi lasciar raffreddare completamente nello stampo prima di mettere in frigorifero.

Frittelle con frutta e noci

Ce ne sono 16

75 g / 3 once / 1/3 tazza di burro o margarina

100 g / 4 oz / 1/3 tazza di miele leggero

50 g / 2 once / 1/3 tazza di uvetta

50 g / 2 oz / ½ tazza di noci, tritate

175 g / 6 once / 1 tazza e ½ di avena

Sciogliere il burro o la margarina con il miele a fuoco basso. Aggiungete l'uvetta, le noci e l'avena e mescolate bene. Versare in una teglia quadrata da 23 cm unta e cuocere in forno preriscaldato a 180°C/350°F/gas mark 4 per 25 minuti. Fateli raffreddare in padella, tagliateli a barrette ancora caldi.

Frittelle di pan di zenzero

Ce ne sono 16

75 g / 3 once / 1/3 tazza di burro o margarina

100 g / 4 oz / ½ tazza di zucchero di canna morbido

50 g / 2 oz / 3 cucchiai di sciroppo da un barattolo di zenzero

175 g / 6 once / 1 tazza e ½ di avena

4 pezzi di zenzero, tritati finemente

Sciogliere il burro o la margarina con lo zucchero e lo sciroppo, quindi aggiungere l'avena e lo zenzero. Pressare in una tortiera quadrata da 20 cm unta (la teglia) e cuocere in forno preriscaldato a 180°C/350°F/gas mark 4 per ca. 20 minuti finché non diventeranno leggermente dorati. Lasciare intiepidire leggermente prima di affettare, quindi lasciar raffreddare completamente su un vassoio prima di sformare.

Flapjack alle noci

Ce ne sono 16

75 g / 3 once / 1/3 tazza di burro o margarina

50 g / 2 oz / 3 cucchiai di sciroppo d'oro (mais chiaro)

100 g / 4 oz / ½ tazza di zucchero di canna morbido

175 g / 6 once / 1 tazza e ½ di avena

100 g / 4 oz / 1 tazza di noci miste tritate

Sciogliere il burro o la margarina con lo sciroppo e lo zucchero, quindi aggiungere l'avena e le noci. Pressare in una tortiera quadrata da 20 cm unta (la teglia) e cuocere in forno preriscaldato a 180°C/350°F/gas mark 4 per ca. 20 minuti finché non diventeranno leggermente dorati. Lasciare raffreddare leggermente prima di affettare, quindi lasciar raffreddare completamente nello stampo prima di mettere in frigorifero.

Scorciatoie taglienti con il limone

Ce ne sono 16

100 g / 4 once / 1 tazza di farina semplice (per tutti gli usi)

100 g / 4 oz / ½ tazza di burro o margarina, ammorbidito

75 g / 3 once / ½ tazza di zucchero semolato, setacciato

2,5 ml/½ cucchiaino di lievito in polvere

un po' di sale

30 ml/2 cucchiai di succo di limone

10 ml/2 cucchiai di scorza di limone grattugiata

Mescolare la farina, il burro o la margarina, lo zucchero a velo e il lievito. Pressare in uno stampo quadrato da 23 cm unto e cuocere in forno preriscaldato a 180°C/350°F/gas mark 4 per 20 minuti.

Unire gli ingredienti rimanenti e sbattere fino a ottenere un composto chiaro e soffice. Disporre sulla base calda, abbassare la temperatura del forno a 160°C / 325°F / gas mark 3 e rimettere nel forno per altri 25 minuti finché non arriva la primavera. Lasciarla raffreddare e poi tagliarla a quadrotti.

Quadrati di moka al cocco

20 fa

1 uovo

100 g / 4 oz / ½ tazza di zucchero semolato (super fine)

100 g / 4 once / 1 tazza di farina semplice (per tutti gli usi)

10 ml / 2 cucchiaini di lievito in polvere

un po' di sale

75 ml/5 cucchiai di latte

75 g / 3 oz / 1/3 tazza di burro o margarina, sciolto

15 ml / 1 cucchiaio di cacao in polvere (cioccolato non zuccherato)

2,5 ml / ½ cucchiaino di essenza di vaniglia (estratto)

Per il condimento:

75 g / 3 once / ½ tazza di zucchero semolato, setacciato

50 g / 2 once / ¼ tazza di burro o margarina, sciolto

45 ml/3 cucchiai di caffè nero forte

15 ml / 1 cucchiaio di cacao in polvere (cioccolato non zuccherato)

2,5 ml / ½ cucchiaino di essenza di vaniglia (estratto)

25 g / 1 oz / ¼ tazza di cocco essiccato (tritato)

Sbattere le uova e lo zucchero fino ad ottenere un composto chiaro e soffice. Aggiungete la farina, il lievito e il sale alternandoli al latte e al burro fuso o alla margarina. Aggiungere l'essenza di cacao e la vaniglia. Versare il composto in uno stampo quadrato da 20 cm (lo stampo) e cuocere in forno preriscaldato a 200 °C/400 °F/gas livello 6 per 15 minuti finché non sarà ben lievitato e elastico al tatto.

Per preparare il topping, mescolare insieme lo zucchero a velo, il burro o la margarina, il caffè, il cacao e l'essenza di vaniglia.

Distribuirlo sulla torta calda e cospargerlo di cocco. Lasciarla raffreddare nella teglia, togliere la forma e tagliare a quadrotti.

Ciao Dolly Cookies

Ce ne sono 16

100 g / 4 once / ½ tazza di burro o margarina

100 g / 4 oz / 1 tazza di biscotti digestive

(Graham Cracker) Cancro

100 g / 4 oz / 1 tazza di gocce di cioccolato

100 g / 4 oz / 1 tazza di cocco essiccato (tritato)

100 g / 4 oz / 1 tazza di noci, tritate

400 g / 14 oz / 1 lattina grande di latte condensato

Sciogliere il burro o la margarina e aggiungere le briciole di biscotti. Pressare il composto sul fondo di una tortiera unta e rivestita di alluminio da 28 x 18 cm / 11 x 7. Cospargere le scaglie di cioccolato, poi il cocco e infine le noci pecan. Versare sopra il latte condensato e cuocere in forno preriscaldato a 180 °C/gas 4 per 25 minuti. Tagliare in barrette ancora calde, quindi lasciar raffreddare completamente.

Barrette al cocco con noci e cioccolato

12 prima

75 g / 3 once / ¾ tazza di cioccolato al latte

75 g / 3 once / ¾ tazza di cioccolato normale (semidolce).

75 g / 3 oz / 1/3 tazza di burro di arachidi croccante

75 g / 3 once / ¾ tazza di briciole di cracker digestive (cracker Graham)

75 g / 3 once / ¾ tazza di noci, tritate

75 g / 3 once / ¾ tazza di cocco essiccato (grattugiato)

75 g / 3 once / ¾ tazza di cioccolato bianco

Sciogliere il cioccolato al latte in una ciotola resistente al calore sopra una pentola di acqua bollente. Stendere sul fondo di una tortiera quadrata da 23 cm e lasciare rassodare.

Sciogliere delicatamente il cioccolato fondente e il burro di arachidi a fuoco basso, quindi aggiungere i biscotti, le noci e il cocco. Distribuire sul cioccolato bollito e conservare in frigorifero finché non si indurisce.

Sciogliere il cioccolato bianco in una ciotola resistente al calore posta sopra una pentola di acqua bollente. Premere i biscotti formando un disegno e lasciarli indurire prima di tagliarli in barrette.

quadretti di noce

12 prima

75 g / 3 once / ¾ tazza di cioccolato normale (semidolce).

50 g / 2 once / ¼ tazza di burro o margarina

100 g / 4 oz / ½ tazza di zucchero semolato (super fine)

2 uova

5 ml / 1 cucchiaino di essenza di vaniglia (estratto)

75 g / 3 once / ¾ tazza di farina semplice (per tutti gli usi)

2,5 ml/½ cucchiaino di lievito in polvere

100 g / 4 oz / 1 tazza di noci miste tritate

Sciogliere il cioccolato in una ciotola resistente al calore sopra una pentola di acqua bollente. Aggiungere il burro finché non si scioglie, quindi aggiungere lo zucchero. Togliere dal fuoco e aggiungere le uova e l'essenza di vaniglia. Aggiungere la farina, il lievito e le noci. Versare il composto in una teglia quadrata unta da 25 cm (forma) e cuocere in forno preriscaldato a 180°C/350°F/gas mark 4 per 15 minuti fino a doratura. Taglia i dadi mentre sono ancora caldi.

Fette di arancia alle noci

Ce ne sono 16

375 g / 13 oz / 3¼ tazze di farina semplice (per tutti gli usi)

275 g / 10 oz / 1 tazza e ¼ di zucchero a velo (super fine)

5 ml/1 cucchiaino di lievito in polvere

75 g / 3 once / 1/3 tazza di burro o margarina

2 uova sbattute

175 ml / 6 fl oz / ¾ tazza di latte

200 g / 7 oz / 1 lattina piccola di mandarini, scolati e tritati finemente

100 g / 4 once / 1 tazza di noci pecan tritate

Buccia grattugiata finemente di 2 arance

10 ml/2 cucchiai di cannella in polvere

Mescolare 325 g / 12 oz / 3 tazze di farina, 225 g / 8 oz / 1 tazza di zucchero e il lievito. Sciogliere 50 g / 2 once / ¼ di tazza di burro o margarina e aggiungere le uova e il latte. Mescolare delicatamente il liquido con gli ingredienti secchi fino ad ottenere un composto omogeneo. Aggiungere i mandarini, le noci pecan e la scorza d'arancia. Versare in una teglia unta e foderata di 30 x 20 cm / 12 x 8. Strofinare il resto della farina, dello zucchero, del burro e della cannella e cospargere la torta. Cuocere in forno preriscaldato a 180°C/350°F/gas mark 4 per 40 minuti fino a doratura. Lasciare raffreddare nella teglia, quindi tagliare in circa 16 fette.

Biscotti

compongono 16 percorsi

100 g / 4 once / ½ tazza di grasso (ghee)

100 g / 4 once / ½ tazza di burro o margarina

75 g / 3 once / 1/3 tazza di zucchero di canna morbido

100 g / 4 oz / 1/3 tazza di sciroppo d'oro (mais chiaro)

100 g / 4 once / 1/3 tazza di melassa (melassa)

10 ml/2 cucchiai di bicarbonato di sodio

150 ml / ¼ pt / 2/3 tazza di latte

225 g / 8 oz / 2 tazze di farina integrale (frumento Vanz)

225 g / 8 once / 2 tazze di avena

10 ml / 2 cucchiaini di zenzero macinato

2,5 ml / ½ cucchiaino di sale

Sciogliere in una padella il grasso, il burro o la margarina, lo zucchero, lo sciroppo e la melassa. Sciogliere il lievito nel latte e unirlo in padella con i restanti ingredienti. Versare in uno stampo quadrato da 20 cm/8 pollici e cuocere in forno preriscaldato a 160°C/325°F/gas mark 3 per 1 ora finché non si sarà solidificato. Può rompersi nel mezzo. Lasciare raffreddare, quindi conservare in un contenitore ermetico per qualche giorno prima di affettare e servire.

Barrette al burro di arachidi

Ce ne sono 16

100 g / 4 once / 1 tazza di burro o margarina

175 g / 6 once / 1 tazza e ¼ di farina semplice (per tutti gli usi)

175 g / 6 once / ¾ tazza di zucchero di canna morbido

75 g / 3 once / 1/3 tazza di burro di arachidi

un po' di sale

1 tuorlo d'uovo piccolo, sbattuto

2,5 ml / ½ cucchiaino di essenza di vaniglia (estratto)

100 g / 4 oz / 1 tazza di cioccolato fondente (semidolce).

50 g / 2 oz / 2 tazze di miscela di riso soffiato

Strofinare il burro o la margarina nella farina fino a quando il composto non assomiglia al pangrattato. Aggiungere lo zucchero, 30 ml/2 cucchiai di burro di arachidi e il sale. Aggiungere il tuorlo d'uovo e l'essenza di vaniglia e mescolare fino ad ottenere un composto ben amalgamato. Pressare in una tortiera quadrata da 25 cm/10 pollici. Cuocere nel forno preriscaldato a 160°C / 325°F / gas mark 3 per 30 minuti finché non sarà lievitato e elastico al tatto.

Sciogliere il cioccolato in una ciotola resistente al calore sopra una pentola di acqua bollente. Togliere dal fuoco e aggiungere il resto del burro di arachidi. Aggiungere i cereali e mescolare bene fino a ricoprirli con il composto di cioccolato. Versare sulla torta e livellare la superficie. Raffreddare, raffreddare e tagliare a barrette.

Fette da picnic

12 prima

225 g / 8 oz / 2 tazze di cioccolato fondente (semidolce).

50 g / 2 once / ¼ tazza di burro o margarina, ammorbidito

100 g / 4 oz / ½ tazza di zucchero semolato

1 uovo, leggermente sbattuto

100 g / 4 oz / 1 tazza di cocco essiccato (tritato)

50 g / 2 once / 1/3 tazza di uva sultanina (uvetta dorata)

50 g / 2 oz / ¼ tazza di ciliegie glassate (candite), tritate

Sciogliere il cioccolato in una ciotola resistente al calore posta sopra una pentola di acqua bollente. Versare sul fondo di una teglia (stampo per muffin) unta e foderata di 30 x 20 cm (12 x 8). Mescolare il burro o la margarina e lo zucchero fino ad ottenere un composto chiaro e soffice. Aggiungere gradualmente l'uovo, quindi incorporare il cocco, l'uvetta e le ciliegie. Distribuirvi sopra il cioccolato e cuocere in forno preriscaldato a 150°C/300°F/gas mark 3 per 30 minuti fino a doratura. Lasciare raffreddare, quindi tagliare in barrette.

Barrette di cocco e ananas

20 fa

1 uovo

100 g / 4 oz / ½ tazza di zucchero semolato (super fine)

75 g / 3 once / ¾ tazza di farina semplice (per tutti gli usi)

5 ml/1 cucchiaino di lievito in polvere

un po' di sale

75 ml / 5 cucchiai di acqua

Per il condimento:

200 g / 7 oz / 1 lattina piccola di ananas, scolato e tritato

25 g / 1 oz / 2 cucchiai di burro o margarina

50 g / 2 oz / ¼ tazza di zucchero a velo (super fine)

1 tuorlo d'uovo

25 g / 1 oz / ¼ tazza di cocco essiccato (tritato)

5 ml / 1 cucchiaino di essenza di vaniglia (estratto)

Sbattere le uova e lo zucchero fino ad ottenere un composto liscio e chiaro. Aggiungete la farina, il lievito e il sale alternandoli con l'acqua. Versare in una tortiera quadrata imburrata e infarinata e cuocere in forno preriscaldato a 200°C/gas mark 6 per 20 minuti, fino a quando sarà ben lievitata ed elastica al tatto. Versare l'ananas sulla torta calda. Scaldare gli ingredienti rimanenti della copertura in un pentolino a fuoco basso, mescolando continuamente fino a quando saranno ben amalgamati senza bollire. Versare l'ananas sull'ananas e mettere la torta in forno per altri 5 minuti finché la copertura non sarà dorata. Lasciare raffreddare nello stampo per 10 minuti, quindi trasferire su una gratella per completare il raffreddamento prima di tagliare in barrette.

Lievito di prugne da forno

Ce ne sono 16

15 g / ½ oz di lievito fresco o 20 ml / 4 cucchiaini di lievito secco

50 g / 2 oz / ¼ tazza di zucchero a velo (super fine)

150 ml / ¼ pt / 2/3 tazza di latte caldo

50 g / 2 once / ¼ tazza di burro o margarina, sciolto

1 uovo

1 tuorlo d'uovo

250 g / 9 once / 2¼ tazze di farina semplice (per tutti gli usi)

5 ml/1 cucchiaino di scorza di limone grattugiata finemente

675 g / 1½ lb di prugne, tagliate in quarti e snocciolate (cotte)

Zucchero a velo (dolce), setacciato fino a renderlo polveroso

Cannella macinata

Prendete il lievito con 5 ml/1 cucchiaino di zucchero e un po' di latte e lasciatelo in un luogo tiepido per 20 minuti finché non farà schiuma. Sbattere il resto dello zucchero e del latte con il burro fuso o la margarina, l'uovo e il tuorlo. Mescolare in una ciotola la farina e la scorza di limone e formare una fontana al centro. Aggiungete gradualmente il composto di lievito e il composto di uova fino a formare un impasto liscio. Sbattere fino a quando la pastella sarà molto liscia e inizieranno a formarsi delle bolle in superficie. Pressate leggermente in una teglia quadrata da 25 cm infarinata e unta. Metti insieme le prugne sull'impasto. Coprire con pellicola trasparente unta (pellicola trasparente) e lasciare in un luogo caldo per 1 ora fino al raddoppio delle dimensioni. Mettere in forno preriscaldato a 200°C/gas 6, poi abbassare immediatamente la temperatura a 190°C/375°F/gas 5 e cuocere per 45 minuti. Ridurre nuovamente la temperatura del forno a 180°C / 350°F / gas mark 4 e cuocere per altri 15 minuti fino a doratura. Spolverizzate la torta con zucchero a velo e cannella mentre è ancora calda, lasciatela raffreddare e tagliatela a quadrotti.

Barrette di zucca americane

20 fa

2 uova

175 g / 6 oz / ¾ tazza di zucchero semolato (super fine)

120 ml / 4 fl oz / ½ tazza di olio

225 g di zucca, cotta e affettata

100 g / 4 once / 1 tazza di farina semplice (per tutti gli usi)

5 ml/1 cucchiaino di lievito in polvere

5 ml/1 cucchiaino di cannella in polvere

2,5 ml/½ cucchiaino di bicarbonato di sodio

50 g / 2 once / 1/3 tazza di uva sultanina (uvetta dorata)

Glassa di formaggio cremoso

Sbattere le uova finché non diventeranno chiare e spumose, poi aggiungere lo zucchero e l'olio e unire la zucca. Mescolare la farina, il lievito, la cannella e il lievito fino ad ottenere un composto ben amalgamato. Aggiungi l'uva sultanina. Versare il composto in uno stampo per muffin svizzero da 30 x 20 cm unto e unto (stagno per muffin con gelatina) e cuocere in forno preriscaldato a 180 °C/350 °F/gas mark 4 per 30 minuti. inserito al centro esce pulito. Lasciare raffreddare, spalmare con la crema di formaggio e tagliare a barrette.

www.ingramcontent.com/pod-product-compliance
Lightning Source LLC
Chambersburg PA
CBHW071901110526
44591CB00011B/1508